U0096509

# 禪故事

善待自己的一條路

相信，悟性

靜觀——著

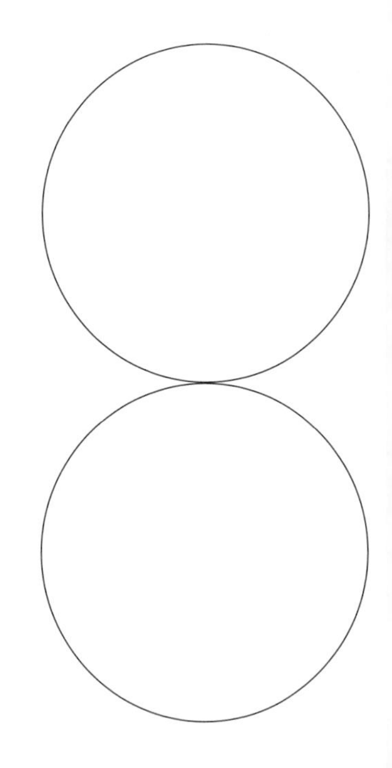

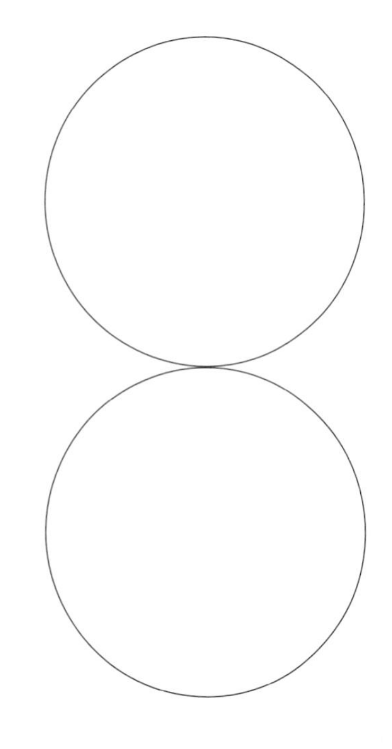

# 序：更好的一條路

或許你也有過這樣的問題，從學校畢業之後，開始工作了一段時間之後，在找到另一半共組家庭之後，開始有了孩子之後，才開始發現畢業之後的生活眞是不容易，要怎麼搞定總是挑毛病的老闆？要怎麼說服固執的同事？爲什麼跟另一半越來越無話可說？爲什麼孩子總是不聽話，老是愛給自己找麻煩呢？

其實這就好像學數學一樣，讀國小的時候，以爲數學就是加減乘除了，不過如此嘛，多算幾次就能夠熟練了，上了國中之後才發現，原來還有變數方程式、還有三角幾何的問題，再來上了高中，竟然又多了三角函數和排列組合，更別提那個人見人怕的微積分了，記得當年我進了台大數學系之後，我只有一個感想：「天啊，教授講的這個是數學嗎？那是哲學吧。」

每一個升學的階段，一定會出現新的功課，光靠過去學的加減乘除是不夠的，一定需要學習新的觀念和方法，這時就需要新的老師、新的教材，自己也需要付出更多的時間去搞懂它、練習它，要想辦法通過考試，如果一直學不會，也只能留級重修這一門學分了，或者以後就選一門與數學無關的科系就好了。

生活也是一樣的，當新的人生階段開始的時候，面對新的角色與身分，新的功課也會一個一個出現，或許你想要用以前的觀念或方法去處理，有時也許有效，但是常常都是行不通的，所以才會有了開頭說的那些問題，如果那些問題一直存在著，如果那些事情已經帶來了痛苦和煩惱，那就表示我們需要新的學習、新的觀念和方法了。

那些功課，並不像選大學科系一樣，並不是選或不選的問題，遇到這個老闆難相處，那我就換一間公司、換個老闆就是了嘛，我也曾經這麼做過，沒想到遇到的下一個老闆反而更嚴厲，再加上有家庭的擔子要扛，最後仍然必須面對與老闆溝通的功課。

人生就是這樣子，有一些功課是我們註定要學的，躲也躲不掉，曾經我也四處尋找那些功課的方法或是參考書，也許是佛經，也許是一些心靈勵志的書，但都沒有發揮效果，直到我在濟公廟裡遇上了師父，我這才開始學會如何認真的面對工作、夫妻與親子的這幾門功課，其實更重要的一門功課，是要學會如何善待自己、如何做一個更好的自己，而不再爲了過去折磨自己，然後身旁的人們自然會有改變。

這些年來，我有沒有改變呢？讓我說說最近發生的一些事吧。

## 女兒的笑容

唸高二的大女兒，剛剛忙忙碌碌的弄了一碗愛玉，等到她回房間放了東西又走回來的時候，她仔仔細細的打量著她的碗，一臉狐疑的盯著我：「你有沒有偷吃我的愛玉！我知道你很想吃。」（才怪咧）。

我被她這可愛的舉動給逗笑了，一直笑個不停，她心裡大概也很得意吧，每一天，她總會跟我分享那一天發生的小事，像是在補習班聽到的笑話，男朋友又做了什麼傻事（對，就是男朋友），雖然都是些小事，但是她分享的那些快樂，也是我的快樂，回想起幾年前，她的笑容，曾經是那麼的遙不可及。

## 昨日的憂傷

從前的我習慣拿著放大鏡在看孩子，深怕孩子犯了錯，怕老婆把孩子寵壞了，怕孩子太依賴媽媽，怕孩子以後一事無成，怕孩子不唸書，以後找不到工作，「我也是爲了你們好啊。」，就是這個想法，把自己的挑剔當做了理所當然，每次回到家就是等著抓到孩子犯錯的機會，可以把心裡看不順眼的地方，一個一個的拿出來叨唸。

有一次看見大女兒在玩手機，我心想：「隔天就要月考了，居然還在玩手機？！這怎麼可以呢！」，二話不說就大罵了她一頓，大女兒很委屈的哭了。

老婆氣急敗壞的唸我，大女兒那時才剛剛唸完書，只是在休息，爲什麼我不能夠先問清楚呢？爲什麼要這樣加深彼此之間的誤會呢？就是類似這樣的事情，一再的發生之後，讓女兒不再想要跟我說話，老婆更爲了這樣的問題生我的氣，或是彼此冷戰。

回想起那段日子，自己也不好過，心裡常常在責怪自己，怪自己脾氣差，怪自己性子急，怪自己太過衝動，那些發洩在別人身上的情緒，其實都是我對自己的不滿意，我又何嘗願意？回想起孩子剛剛出生的那幾年，我也曾經那麼的疼愛她們，卻又不知道該怎麼做才對，心中的這些憂傷，又能夠跟誰說？

## 今天的做起

遇見師父的那一天，師父的第一句話就是「你快樂嗎？」，彷彿早已知道我心裡那些說不出的心情，師父告訴我，昨天的種種都已經過去，要把它忘記，不要折磨自己，要學著開始善待自己，學習如何找回心裡的快樂，要放下那些內疚感和罪惡感，善待了自己，我才能夠善待別人，在那些一點一滴的引導下，我自願成爲了門生，法號靜觀。

那時大女兒和我的關係越來越緊張，在她國二的時候，爲了抗議我對她的不信任，她乾脆放棄了唸書，寧可抓著手機玩到深夜一兩點，那一年她的功課都荒廢了，這段心情也是她後來告訴我的。

有一天，師父告訴我：「靜觀，從今天開始，你要開始放手，不要再插手女兒的每一件事情，別再用你的方法管教她。」

我接受了，我也眞的這麼做了，那一晚，我把師父的話轉述給大女兒聽，也答應讓她做自己想做的事情，我下定了決心，我願意接受已經發生的一切事情，老實說，荒廢了一年的功課，還有機會考到好學校嗎？我不敢想，但是我做了最壞的打算，就算她找不到一間好的高中學校可以唸，我也願意陪著她重來一次，我下定決心默默的支持著她，不再試著控制她的想法和決定，就這樣，改變自然的發生了。

## 我的明白

也許是因爲她不需要再花力氣與我對抗，她的心力開始專注在自己身上，她開始思考日後要唸哪一所高中，她爲自己訂出了讀書計畫，主動要求我們幫她安排家教，努力的趕上進度，經過一年的努力，她考上了一間還算不錯的高中，在那幾年的高中生活裡，她找回了自己的自信和快樂，她自學了日文，在網路上認識了日本的朋友，還考上了最高等的N1日文檢定，她進了班聯會，主辦了一場聖誕舞會，還交了一個班上功課前三名的男朋友。

如果是以前的我，我會答應她交男友嗎？我不敢想。

男朋友是個認眞的樸實孩子，他會叮嚀女兒要唸書，提醒她要提早開始準備大學的事情，她早已懂得自己安排時間唸書、補習，剛進高一時，原本功課是班上最後幾名，後來已經進步到前十幾名了，誰想得到，交男朋友能帶來這樣好的轉變呢？

我的確想不到，我只是這麼相信，相信我只要把自己照顧好了，只要我改變了，孩子自然會跟隨我們學習，孩子自然會照顧好自己未來的路。

看著女兒的天眞笑容，那好不容易找回來的笑容，我忽然懂了，女兒的心其實一直都是向著我的，哪怕我曾經那樣傷害了她，她也願意等待著我改變，孩子們天性就是眷戀父母的，只要我們願意相信他們，願意把責任交付給他們，他們自然會開始學習承擔，學習為自己的決定負責任，而不再為了別人的期望過日子。

我開始相信，相信這人生的每一件事，都可以依靠自己做出改變，師父說，濟公道裡有個功過相抵，就算昨天做錯了什麼，今天補救也不會晚，永遠都沒有慢、沒有晚，就算孩子現在疏遠了我們，我們仍然可以用熱情改變他們的態度，找回他們的笑容。

人們說的「做自己」，不是要遷就昨天那個固執的自己，不是要證明自己的想法是對的，不是那樣的，就算我對了，就算別人都說不過我，我又要如何挽回女兒的笑臉呢？我又要如何找回妻子的笑容呢？

做自己，是要做一個眞正快樂的自己，做一個不需要逞強的自己，事情也許是不順心，但是人生還有更多值得快樂的事情，還有一個值得快樂的自己。

# 關於這本書

我在去年底升上了主管，再一次接受了新的功課和挑戰，雖然工作辛苦，幸好回到家裡，還有著女兒們分享他們的生活大小事，聽著她們的開心笑聲，更加的明白，這一切的努力都是值得的，妻子也開始跟著我來到廟裡學習，臉上更是有了更多的笑容，這一切的改變，都是因爲師父一點一滴給我的引導和教導，才有了不同於往日的個性和改變。

師父教導我們的，是濟公道，是源於古佛濟公禪師李修緣的教導，在這些年來，我詳細記錄了師父的教導，也見證了許多人們的改變，這些改變與求神拜佛無關，我自己感受到，師父教導的道理不只是口號，而是在每一天的柴米酒鹽醬醋茶的生活之中，隨時都能夠做得到的道理，能夠幫助我們時時的善待自己，與自己好好的相處，然後人與人之間才能夠相聚，在家庭中能與家人樂團圓，在公司也與更多的人們同心共好，無論是老闆或是下屬。

師父說的濟公道，就是要讓我們做得到，所以師父要我把這些道理都給整理出來，日後可以長長久久的流傳，希望讓更多的人看見，也能夠幫助到更多的人。

在這本書裡，師父將透過說故事的方式，呈現出濟公道豐富的內涵與樣貌，故事或許是長篇的，或許是短篇的、或都是從一些實際的案例中，更容易幫助我們引導自己，走出那些痛苦的煩惱，師父希望我們能夠在故事之中，融入不同的角色，參悟自己的道理。

爲什麼參悟故事這一件事，是如此的重要呢？因爲人的「視野」有限，藉由故事的種種情節，可以打開我們有限的視野：

## 做為人的視野有限

做爲人，我們只能看見「我」的視角，卻看不見別人的苦處，也不知道別人內心的想法。

「他怎麼可以這麼做？難道他不知道這樣是不對的嗎？」，想要明白別人的苦衷，其實不是一件容易的事情，不是我們不想，而是眞的不容易做到，所以常常輕易的責怪別人，陷入了與人對立的心情，在爭執之後，可能又會陷入後悔的情緒，也更加的責怪自己。

當這樣的狀況不斷的出現，「爲什麼又是我的錯？」，這樣的聲音將會讓我們變得更加的防衛自己，也讓我們變得更加傲慢或是自卑。

但是在故事裡，我們能夠看見每一個角色的心情，能夠明白每一個角色的心路歷程，也發現我們其實有著太多的「不知道」，在眞正的看見結果之前，都不要輕易的做出結論，不需要去猜測別人的究竟是惡意，還是善意。

## 對於因緣的視野有限

我們容易輕易的以爲，一件事情的成功，是「他」的功勞，或是「我」的功勞，卻不容易看見，每一個成就，都是身旁許多的人們共同努力的成就，無論是認識的人，或者是我們不認識的人們，明白了這一點，我們就會更加的謙卑，對於身旁的人們，更會多一分感恩的心思，心情也更加柔軟，更願意照顧別人。

我們有時會以爲別人的成就，就是他的運氣好或是得天獨厚，其實，每一個人能夠成就，除了他個人的努力之外，更是因爲他願意奉獻付出，樂於照顧人的心情。

因爲這樣的人，往往有著特別好的人緣，更容易得到人們幫忙，還有上天的幫忙，上天賜予的那些善緣，都是我們每一天的用心付出，日積月累的福德換來的。

也許有人會問：「爲什麼我奉獻了那麼多的金錢心力，卻都沒有得到回報呢？」，這個問題就好像在問，一個水槽爲什麼水龍頭明明一直開著，水槽的水卻總是不會滿呢？

因爲有漏，因爲它的出口沒有堵上。

因爲他的心裡仍然有著計較的怨恨，他認爲自己有合理生氣的理由，所以他的口仍然在說著傷人的話，所以福德有漏。

無論扮演哪一個角色，老闆、員工、父母或子女，都是一樣的，都會因爲一句情緒的話，失去了福德。

但是沒有關係，只要從現在開始提醒自己，不要再去怨人，而能夠改變一個共好的心情，那就是福德，因爲不再有漏。

所以在許多故事裡，更容易認識因緣，所謂：『天下沒有白吃的午餐』，一個無私奉獻的念頭，往往就能得到上天的回應，就算做錯了，還有一個「功過相抵」的機會。

認識因緣，開始好好的修心與修口，就會明白什麼是得天獨厚的感受。

## 對於時間的視野有限

我們對於一生的觀察有限，往往只能看見今天的煩惱和痛苦，卻看不見昨日是如何影響了今日，也無法發現，今日的一言一行，將會如何深遠的影響明日。

「要知昨日因，今日受者是，要知明日果，今日作者是。」

別人今日的強勢個性，可能是過去曾經受過傷害造成的，昨天我傷害了這個人，明天卻變成他用強勢個性傷害了其他的人，這也是我們看不見的事情。

害怕明天還會被別人傷害，今天只好選擇對人屈服、委屈自己，或者是擺出更加強硬的態度，那並不是什麼過錯，那只是因爲我們還沒有學會如何與人應對，還不知道如何照顧自己的情緒，只好選擇了最差的一條路：情緒，如果簡單一句話就能夠叫得動人，誰會願意發那麼大的脾氣呢？要改變別人，原本就是一件困難的事情，所以每一個展現情緒的人，都在說明他的無能爲力，也說明了他還沒有學會怎麼處理事情。

其實啊，人與人之間並不需要比較誰的聲音大、誰的聲音小，更不需要互相的對立，「對立」是最難走的一條路，所以我們需要深入每一個故事裡的角色，了解他們的心路歷程，然後看見一個人能夠如何的改變自己，就會明白人生總是有著更好的另一個選擇。

# 不同的自己

讀一個故事，就像是站在上天的視角，沒有了人我的限制，沒有時間的限制，看清楚每一個角色的心境轉折，看清楚他們的因緣是如何改變，看看一個人是如何因爲一個念頭的改變，轉變了不同做事的方法之後，終於變化了他的人生。

慢慢的，我們終會明白，人生其實沒有什麼絕境，當這人生看似走到了山窮水盡的時候，其實正是柳暗花明又一村，也是人生能夠再起的時機，每一個困境，都可以是一個突破的轉機，只要我們願意虛心學習，學習如何轉變當下的一念，沒有什麼不能改變。

每一個故事，都是新的一扇窗，透過每一扇窗，就能明白這人生並不是毫無選擇的，也沒有什麼前世宿命，人生其實總是有所選擇的。

過去的人生，或許是人在江湖，身不由己。

未來的人生，將會是選擇自己，承擔自己。

最終會明白，過往的每一段際遇，無論好壞，其實都是最好的安排，因爲我們將在過去跌倒的地方，重新爬起，找回一個不一樣的高度，不一樣的自己。

# 故事：固執的公雞

師父說：「以前農夫收成稻穀之後，每天要在曬穀場上曬穀子，到了傍晚就要把穀子堆好，再用布蓋起來，免得受潮，所以總是會有一些穀粒遺落在廣場上。

有一隻公雞，每天一大清早就急著去廣場吃那些遺落的稻子，但是屋頂上那一大群麻雀的動作比公雞快得多了，每次公雞才剛來到廣場，稻穀早已經被麻雀搶光光了。

公雞很生氣，牠決定明天提早半小時起床，這次一定要搶贏，結果起床的時候，天色根本還沒有亮，完全看不見地上的穀粒在哪裡，等到天色亮了，穀粒又一樣被眼明嘴快的麻雀們一掃而空。

就因為搶輸了麻雀，公雞每天在失望的心情裡度過，這時只能期待好心人賞他點穀子吃，但是牠等得到好心人嗎？等不到，只好每天怨嘆著麻雀搶了牠的穀粒，其實公雞明明三餐都有得吃，卻硬要跟麻雀搶稻穀吃，牠忘了自己的價值就是清早的啼叫聲，只要善盡職責叫人們起床，主人自然會餵牠吃東西，牠又何必跟麻雀計較。

況且還有那麼多的東西可以吃，草叢裡的昆蟲，泥土裡的蚯蚓，都是可以吃的食物，又何必執著稻穀呢？又何必為了稻穀有求於好心人呢？

人啊，也跟這隻公雞一樣的固執，每一個人都會有他自己固執的點，所以你們需要學習道理，改變自己的計較與固執。」

公雞的煩惱，是麻雀給牠的嗎？不是，這煩惱是牠的固執帶來的。

如果公雞忠於自己的角色，融入自己的角色，就會明白自己的價值在哪裡，牠就不會跟麻雀計較那一點穀子了，也能夠放下牠的好勝心和比較心。

我們是不是也有過相似的心情和煩惱呢？

「別人爲什麼要搶我的功勞？」

其實我有更重要的價值，展現價值比功勞更加的重要，共好的價值，也許更加值得追求。

想想麻雀的角色，牠會想：『眞是羨慕公雞，人們都靠牠叫人起床，每天都不用擔心餓肚子。』

想想主人的角色，他會想：『這隻公雞爲什麼要跟麻雀搶那點穀粒呢？傻公雞，做好本分的事情就好了啊。』

融入角色，現在是不是更明白如何扮演公雞的角色了呢？在許多的時刻，我們只是在做『我』想做的事情，卻沒有看見自己扮演的角色，所以無法融入自己的角色。

## 融入角色

試著仔細的體會接下來的故事，試著反覆的閱讀故事，融入每一個不同的角色裡，試著看見不同角色的心情與感受，想想看，自己在生活中，是不是也曾經扮演過類似的角色，好像在公雞的故事裡，我們可能是主人，或許是公雞，也或許是那群苦苦覓食的麻雀。

融入了別人的角色之後，就會自然的化解與別人對立的心結，因爲人同此心，心同此理，看懂了別人的角色，看懂別人的責任和心情，就會看見整件事情的劇本，也就漸漸的看見了大局，我們的格局與高度就會慢慢的不一樣了。

「爲什麼老闆非要我去做這件根本做不到的事情呢？」

試著去做看看，試著快速的回報問題，從這件事情的結果去感受、去仔細的觀察，聽聽看老闆的想法，看看他如何調整，看看他的動機究竟是什麼，也許就會明白老闆的高度在哪裡。

「爲什麼老婆就是不懂我的心情呢？這件事情我就是非做不可啊，爲什麼她要反對呢？」

不要急著責怪她，試著去理解她的擔心、她的不安，試著找出彼此的共識，耐著性子去努力，去溝通，眞誠的表達自己的動機，找出兩人之間的心結，打開它，往後的感情就會更好了。

「爲什麼孩子總是這麼任性呢？總是不聽話呢？」

不急著批判孩子，如果當我們一想到孩子，心裡浮現的，就是任性、不聽話的感覺，那表示我們困在自己的標準框框裡，困得太久了，困在過往的對立情緒和挫折感受裡，卻無法找回原來關懷孩子的感受。

其實，挫折的感受都是正常的，因爲我們不曾學習過要怎麼爲人父母，也不曾學習如何與孩子溝通，

過去的我們，只是在講我想說的話，做我想做的事，表現我想表達的情緒，無法與人交心，

過去的我們，只是在做「他」要我做的事情，總要達成「他」的期望，總要滿足他的情緒需求，老是被慈悲心折磨了自己。

過去的我們，把「他」的讚美當做是我的成就，把「他」的責怪當做是我的失敗，總是爲了「他」的一句話而忐忑不安，所以心裡找不到安寧，不敢相信自己。

過去的我們，總是困在「你我他」的相互比較、對立感受裡，心裡才會不斷沉溺在煩惱痛苦裡，我們都想要做自己、想要相信自己，卻因爲偶爾的犯錯，所以漸漸失去了信心，不知道該要如何成爲一個值得相信的自己，我們還沒有學會如何包容自己、不知道如何照顧好自己。

幸好，一切都沒有慢，沒有遲，一切都還來得及。

聽一聽師父說的這些故事，這些故事有的是師父自創，也有改編自網路的故事，如有雷同，純屬巧合，請試著在這些故事裡，找到自己的角色，感受每一個角色的感受，回溯自己過往的人生，試著領悟那屬於自己的智慧。

也許，只需要參悟了其中的一句話，人生就會開始有了改變。

更好的一條路，就從這裡開始。

# 更新自己

如果你有一支鍋子，已經用了十年、二十年，你還會想要繼續刷洗它、繼續的使用它嗎？它煮出來的菜色恐怕都要走味了，這時也只有換一支新的鍋子，才能徹底解決這個問題。

就像我們用了幾十年的思想、觀念或是說話的方式，需不需要更新呢？就像有人以爲要有好的口才，才能夠說服別人，其實，問題並不在於口才，一個人的口才再好，就算他能說服他的客人、他的老闆，但是同樣的口才也能夠說服另一半，或是正值叛逆期的孩子嗎？

關鍵並不在於口才，人生不能只靠同一招式闖江湖，生活也不只是輸贏而已，就算說贏了孩子，若是輸了親情又如何？爲什麼明明我吵贏了，心裡卻好像還是覺得不安呢？

是更新的時候到了。

## 故事：老鷹的重生與更新

師父說：「有一隻老鷹，這種老鷹在動物界裡算是長壽的，當牠四十歲的時候，牠偷偷來到一個地方，準備要爬到高處，準備築一個窩。

半路上，有一隻年輕的幼鷹問牠：『你爲什麼要躲在那裡？』

老鷹說：『你以爲呢？』

幼鷹說：『你要獨自爬到這麼高的地方，還是沒有人到得了的地方，在那種地方，如果不是爲了等死，還能有其他原因嗎？』

老鷹說：『小鷹啊，你講話也太沒有忌諱了，我所以要躲在那裡，是因爲我的嘴喙已經太長，讓我沒法子啄肉，我的爪子太過彎曲，讓我無法捕捉獵物，我的羽毛也太過稀疏，讓我沒法子飛行，如果一直這麼下去，我當然只能等死。』

但是啊，這隻老鷹是能夠活到八十歲的，牠對幼鷹說：『你看啊，這就是你未來要學習的地方，我將會爬到高山上，找一個沒有人到得了，也沒有人會攻擊我的地方，因爲現在的我沒有法子反擊，但是未來的我將會改變。』

去到高山上，這個改變的過程將會需要一百五十天，老鷹將要用這老舊的嘴喙不斷的啄岩石，直到牠的嘴喙脫落，牠將會重新長出一個全新的嘴喙，這個嘴喙將會是尖銳的，然後牠要用嘴喙拔起腳上的爪子，一根一根的拔去，這個過程痛苦嗎？當然痛苦。

等爪子重新生出來的時候，牠還要將羽毛一根一根的拔掉，因爲這些羽毛不會自已脫落，只能自己拔掉，等羽毛也重新長出來後，牠就會像是一隻新的老鷹一般。

老鷹對幼鷹說：『去到高山上，就是爲了要更新，我可以再活另一個四十年，我要活到八十歲，如果我不更新，再過兩年我就吃不了東西了，早晚要成爲別人的食物，所以我必須更換一個新的嘴喙，更換一副爪子，更換新的羽毛，日後才能夠重新起飛，就像是年輕時候一樣。』

最後，這隻幼鷹等待著，經過了一百五十天之後，果然一隻全新的老鷹飛了出來，牠如閃電般快速的飛低，瞬間就抓到了一隻野兔，爲什麼牠這麼厲害呢？因爲牠有了足夠的經驗，而且牠更新了嘴喙、爪子和羽毛，牠的思想也是全新的思想，所以牠會越來越強，功夫也越來越好。

有的人們以爲自己身體老了，什麼不能做了，準備養老退休了，其實不要在意身體的年老，那並不是眞正的衰老，眞正的衰老是他的思想、心情、智慧沒有更新，他的想法變得老派，人只要懂得更新，能夠得到了新的經驗之後，就會像那隻更新的老鷹，隨便抓都有獵物，年輕的老鷹往往一個月只抓得到一兩隻獵物，但是這隻老鷹每一天都有得抓，爲什麼？因爲牠的經驗足夠了。

過去的老鷹們能夠爬到那裡更新自己，也是因爲老一輩傳承了更新的經驗，因爲這隻老鷹經歷了不斷的啄，每天不停的啄岩石，瞭解了啄的力道輕重，當牠一根一根拔起爪子的時候，牠知道這個痛苦，牠有了更淸楚的知覺，所以牠更加熟練的使用爪子，也知道了捕捉獵物的重點在哪裡，牠原本老舊的羽毛已經越來越小支，重新長出來之後，羽毛更加膨鬆，乘風飛翔的時候，可以讓牠飛得更遠更高。

所以，你們既然遇到了師父，既然有了新的機會更新自己，你們是要選擇更新，還是要選擇等死，這一切就看你自己的心態如何選擇了。」

因爲不能新陳代謝，所以越來越老舊。

因爲承受了越來越多的心事，越來越多的舊日傷痛，讓我們變得防備、害怕，年紀越大，膽子反而越小，這就是思想、心態與智慧的老舊，當我們走到山窮水盡的時候，如果仍然緊抓著昨日的痛苦與心態不放，當然只能絕望等死。

## 口的更新

用了幾十年的嘴，一直用著習慣的方式說話，總是在尋找戰勝別人的方法，卻不知道，對立心態爲我們帶來了多少敵人，也把無數的貴人從我們身邊推走。

所謂「無敵」，並不是因爲他的力量強大，在世上找不到敵手，而是他的心中沒有敵人，他懂得共同興趣，與人共好，他的心中沒有朋友也沒有敵人，所以能夠無敵。

更新我們的應對，改變我們的口緣。

## 爪子的更新

老鷹拔掉爪子的過程中，牠得到了爪子的知覺。

我們也需要「知覺」，知覺心中的念頭與情緒，知覺動機，知覺自己的一言一行，知覺別人的動機，察覺此刻是爲了害怕才想要傷害別人，還是要轉變動機，按捺住害怕的心情，勇敢表達動機，一切要有知覺。

拔去自己的爪子吧，共同興趣、共好心情，才是戰無不勝的最好武器，武器不是攻擊人，而是爲了攻下人生更高的成就。

更新我們的知覺，改變我們的人緣。

## 羽毛的更新

老鷹拔去了羽毛，長出了新的羽毛，如同人們愛惜羽毛，過往依靠著「面子」支撐信心，在意著別人眼中的『我』，在意著自己的形象，心中有了越來越多的堅持、固執，放不下身段，也放不軟口氣，卻不知道，每一個堅持、每一個固執，都在造成人與人之間的摩擦，我們的羽毛早就因爲不斷的摩擦，一天比一天的稀疏。

固執面子，卻失了裡子。

拔去堅硬的羽毛吧，重新長出柔軟的羽毛，我們不需要堅強的外表保護自己，那是隱性的自私，拔去羽毛的過程一定是痛苦的，但是我們會不斷的堅強自己的思想、意志，這內在的堅強，才是最好的保護自己。

拿掉了面子，我們自然能夠柔軟身段、演戲，演出一個不同的自己，更新我們的面貌，改變我們的善緣。

人生沒有等死，只要脫勾過去的自己，現在就開始更新自己。

## 痛苦與值得

如果，你明知自己正是那隻老鷹，你能夠下定決心，爬上那座高山，去到那個沒有其他人可以幫助的地方，孤獨的面對自己的痛苦嗎？

是什麼阻礙了你的決心？

師父說：「不要等死，要更新自己，自己去做出選擇。更新的過程有沒有痛苦呢？老鷹爲了讓牠的嘴喙脫落，牠得要一次又一次的痛啄岩石，每一次的啄，都是強烈的痛苦，都要和自己對抗，對抗想要放棄更新的念頭，繼續的啄擊岩石，在這一個多月的時間裡，牠都沒有辦法進食，只能勉強吃些小蟲子。

在後來拔掉爪子、羽毛的過程，也是一樣的痛苦，想像你自己把指甲拔掉的感覺，而拔掉羽毛，就好像拿針刺在身上的痛苦。

更新一定是痛苦的，但是更新之後，未來的四十年是快樂的，那是不一樣的人生，如果不更新，人生就會不斷的在死胡同裡打轉，那是什麼樣的死胡同呢？

與人對立的思維不改變，於是說話學不會應對，也總是與別人生氣。

與別人比較與計較的作法不改變，心情總是愛恨分明，今天討厭這個人，明天找朋友批評那個人，繼續在是是非非裡打轉。

計較奉獻付出，總是有所求的付出，這樣的心態不改變，他的福德無法改變，他的緣分也無法改變。

把問題歸咎給別人的習性不改變，不斷要求別人改變，想要控制別人，其實什麼也控制不了，我們不選擇控制自己，最後這人生還是被別人控制著。

把自己當做受害者的委屈心情不能放下，繼續的困在自憐自艾的籠子裡，心態改變不了，只好繼續在籠子裡困著。

困在這樣的死胡同裡，人生總是進退兩難。」

## 新的選擇

「有一個人，他的全家都被別人殺死，萬念俱灰之下，他選擇了跟隨佛祖修行，有一天他再次遇見了那個凶手，佛祖問他說：『你要報仇嗎？』

這個人說：『如果我沒有選擇，如果我一直記著這分仇恨，他是我的殺父仇人，我一定會殺死他。

但是我已經有了選擇，我早已選擇放下，我已經把往事放下，我已經忘記了過去，所以我會離開。』

一切都是自己的選擇，不必選擇折磨、不必選擇糟蹋自己，這才能跳出原來的死胡同，既然改變不了身邊的人，不如選擇更新自己，讓心中充滿了陽光，過一個快樂的自己，不要遺憾自己。

開始更新你們的思想，也更新你們的困境，更新之後，這人生自然有所改變，一切都是你們自己的選擇。」

爲什麼師父要再次強調更新的痛苦呢？那是要我們自己明白動機，明白這一切的受苦都是值得，要把目光放在更新的目標，而不要放在痛苦上。

爲什麼老鷹能夠不斷的啄岩石、拔去爪子和羽毛呢？因爲牠明白受苦的價值，這世上的事情本來都是苦樂參半的，更重要的是，不要白白受苦。

我們追求的信仰，不是爲了追求人生平順、不求無風無雨，也不只是求自己的生活安好而已，而是爲了走過人生這一路過程的值得，能夠越走越堅強，能夠創造出更大的價值，所以能夠不斷的升級自己的心態和格局，卻不是期待一個安逸的人生。

**【貼心小鈴噹】**

師父說：「師父希望每一個與我結緣的人，無論結果好壞，他們的過程都是值得的，不要在意年紀的老，一切都是心的問題，你們注意看，眞正融入濟公道的人們，他們看起來都不會老，他們的精氣神都越來越好，一個人的老，都是因爲放棄了自己。」

別把目光放在年老或痛苦，我們可以用不同的看、不同的聽，去等待人生更新的這一段過程。

## 故事：兩隻老鷹的選擇

有位師兄帶著妻子來到廟裡拜佛，也與住持師兄和我聊了許多師父教導的道理，聊了一會兒，他說要離開了，但是只要再等個半小時，他就能與師父說上話了，好不容易老遠來一趟，就要這麼空手而歸嗎？於是住持師兄和我兩人，跟著走到他的車旁，多說了幾句，鼓勵他留了下來，住持師兄說：「人的事業常常就是缺了這麼臨門一腳，所以無法成功，如果你再多堅持一下，再多等個半小時，也許你就能因爲師父的教導，改變了你的事業。」，幸好他有留下來，才有了接下來的這個故事。

時間終於到了，師父對這位師兄說：「哎呀，師父今天本來是不打算辦事的，但是師父該做的事情，還是得做啊，也算你們與師父有緣，師父先問你一個問題，修道的人，是要自己去體會，還是要墨守成規呢？」

師兄回答：「是要自己去體會的。」

師父說：「但是照你現在這樣下去，如果你的經濟能力一直無法改善，你只會越拜越辛苦，如果經濟不好，又不知道未來要如何去做，光是辛苦的做、拼命的做，最後也是沒有結果啊，就像是兩隻老鷹的故事一樣。」

如果是墨守成規的人，他墨守成規了一輩子，他要如何找到事業的突破點？他要如何做出轉變？是辛苦的拼、辛苦的試驗錯誤，再一步一步調整嗎？那得要花上多少的時間呢？

## 不同的選擇

師父說：「有兩隻老鷹，他們是很好的朋友，這時是冬天，天氣太冷了，所有的動物都躲了起來，他們已經餓了十五天都沒找到食物，這一天，他們決定一起去尋找獵物，從那天一大早就開始四處尋找。

找了八小時之後，其中一隻說：『我沒辦法了，天氣太冷了，我實在受不了了，我要回去休息。』，另外一隻白鷹說：『我再找一下吧。』

過了兩個小時，已經是下午五點鐘，太陽就快要下山了，這時一束光線照在地上，牠看見了！牠馬上從高空俯衝下去，原來那束光線打在一隻野兔身上，讓白鷹看得一清二楚，這隻傻傻的野兔怎麼剛好在這個時間跑出來呢？白鷹迅雷不及掩耳的抓住了野兔，就回到了牠休息的地方。

抓住野兔的白鷹自顧自的吃了起來，牠當然不可能分給另一隻老鷹吃，另外那隻老鷹說話了：『哇～你的運氣怎麼這麼好啊？眞是好運氣啊。』

白鷹卻不以爲然的說：『與其期待好運氣，還不如再堅持一下子，不管再辛苦，只要再飛一下子，就會看到獵物了。』」

「再堅持一下子」，咦？這不就是剛才住持師兄在外面說過的話嗎？原來師父也聽見了啊，多堅持了半小時，這位師兄得到了什麼呢？

## 時也、運也、命也

師父接著說：「另一隻老鷹說牠運氣好，牠卻認爲自己不是靠運氣，而是靠辛勞，牠把一切歸功於自己願意多付出兩小時的努力。

但是你們要知道，就算牠再多堅持一段時間，也不一定就能看到這隻兔子，重要的是太陽下山前的那束光線剛好打在野兔身上，所謂時也、運也、命也，這個時機剛剛好，才讓白鷹抓得到這隻野兔，否則牠飛得再久也是一樣，最後就是精疲力竭，摔下地面累死了自己。

這就是一個機會、機緣，一個人雖然懂得努力，也是需要時、需要運，他更需要兩種人，一個是貴人、一個是明師，如果你遇不到一個明師，如果你自己不願意啟動改變，你就會在墨守成規的框框裡打著轉。

如果沒有明師的引導，如果只知道堅持，沒有了太陽的那一束光，這隻白鷹就無法看見那隻野兔，只懂得辛苦的飛，最後也累死了自己。

堅持，需要等待時運，堅持，不是傻傻的堅持，一定要遇得到適當的時機出現，否則也只能無功而返，所以你需要的，是明師的點醒，如果光是四處求神拜佛，如果只是有所求的奉獻，是無法轉變時運的，只有無所求的給與奉獻付出，才能夠讓你們找到貴人、也讓你們等到時機。

所以你需要尋找你的明師，師父給你一個方向，你去找一個身穿黑色衣服，頭上帽子又有個佛字的人啦，找到了，你就知道他的指點，會是什麼樣的感受之心。」，這裡說的明師，當然就是面前的師父了，要找到授課的老師容易，但是並不是每一個老師都明白我們缺少了什麼，也不是每個老師都有那個靈感，能夠一句話就點出我們的問題。

成為門生，他的動機只有八個字：學習模仿、奉獻付出。

學習模仿，用來轉變自己的內在，用來改變智慧和思維；奉獻付出，用來轉變自己的外在，用來改變貴人與機緣；這便是福慧雙修，其中的每一件事情，都是自己的啟動。

## 師父的不足

師父說：「一支噴槍，如果沒有了瓦斯，就如同廢鐵一般，就像是一棵樹如果沒有長出樹瘤，它的價值就不會高，要養成一個樹瘤要花多少的時間？這樹瘤是因為外力而引起的，還是因為它自然形成的？如果是外力，就要靠技術，技術要怎麼取得足夠的經驗？你要花時間繼續等待嗎？

這兩隻老鷹如果熬過了冬天，春天到來，牠們還會遇到求生的困難嗎？」

師兄回答：「到那時就不會了。」

師父說：「那可不一定，搞不好到時，因為吃得太多，他們得了三高的病、或是吃到了被毒死的老鼠，反而沒了性命，所以每件事情的明天，都是一個『不知道』，你又何必去煩惱未來呢？每天都在想這批貨物賣不賣得好，神明會不會幫忙，與其去求神明，不如改變自己的給、自己的捐、自己的奉獻。

今天師父原本不辦事的，你們卻能遇見師父，這是有緣還是無緣呢？但是你們就像一個杯子，如果杯子裡裝滿了茶，它還能夠倒進新的茶嗎？好像你守著自己的思想，如果不放下原來的看法，你又要如何接受師父的教導呢？過去的思想，就好像一支鍋子用了四、五十年，已經老舊了，你還要繼續用下去嗎？何不換一支新的鍋子，何不把你這杯子裡的茶倒掉，換一杯新的茶，好充實你不足的地方呢？

每個人都有不足的地方，但是每個人都不會承認，就算是師父，也有我不足的地方，師父不足的地方在哪裡呢？

師父足夠的地方，在於師父教導的時候，能夠讓你們明白自己的方向。

但是師父的不足在於，不能讓你們自己主動的啟動，你們只有啟動之後，才能夠改變自己的人生，啟動這一件事情上，只能靠你們自己啊。」

噴槍就算有了瓦斯，如果少了一隻打火機、少了火源，它也無法發揮作用，就算師父能夠點醒方向，就算我們能夠學習模仿、奉獻付出，如果少了自己的啟動，如果沒有開始在每一天的生活之中，放下昨日的作法，嘗試換個新的作法，放下我們的情緒，嘗試沒有對立的應對和看法，我們的人生又要如何改變呢？

倒掉自己杯中的舊茶，試試師父這新茶的滋味吧。

## 謙卑的悲見

師父說：「為什麼你們努力的過程感受，常常覺得每條路都不通，你們會不會懷疑，為什麼看起來每一條路都是通的，但我自己走的路卻是條條不通呢？水管明明都已經接好了，為什麼水龍頭開了之後，卻都沒有水流出來呢？工作事業上的規劃安排，每一個計畫看起來都是可行的，都有機會成功，為什麼都無法得到結果呢？

不通，是因為水管的源頭就已經塞住了，雖然打開了水龍頭，水又怎麼送得出去呢？等一下師父找一位門生跟你說一下老鷹的重生、更新的故事，這是你們需要聽的故事。

師父有許多的門生，來自各行各業，有做老闆的，有做總經理的，甚至是做董事長的，但是說到他們的身分，他們都是很謙卑的，而且他們都很『悲見』，不是卑賤，他們有著『悲新』的見解。

什麼是悲新的見解呢？他們不會因為慈悲心而改變了動機，他們心中的悲，能夠懂得別人的苦處在哪裡，那是因為他們自己苦過，他們明白在改變的過程需要受的苦，他們會用新的觀念、用師父的教導，來說出他們的見解，所以他們謙卑，謙卑之後，才能說出他們的悲見。

去聽故事吧，你現在的想法是行不通的，在源頭就堵住了，你認為你種植的實木是最好的，但是沒有打洞，這源頭的水怎麼流得下來呢？就算有那麼多的水源，你的水管也得不到水的流通，你無法組織那麼多的水源，花了那麼多的力氣去接那麼多的水源，光在自己身上就打了結，這是第一個問題，第二個問題在於，你還無法接受未來性的新觀念，因爲你的思想仍然是墨守成規，讓你無法跨出自己的框框，去聽老鷹如何更新自己的故事吧，聽完再來跟師父說話。」

師父直接點出的兩個問題，是不是就像白鷹看到的那一束光呢？如果能夠解決這兩個問題，是不是就能夠找到出路呢？

人生不能只是苦苦的打拼，還需要爲自己打造機緣、尋來貴人與貴緣，第一個貴人，就是我們自己，要給自己時間、給自己新的觀念、給自己新的用心，許多門生都像故事裡，那隻重生與更新的老鷹，他們在不斷的失敗過程裡，終於明白，若要堅持使用舊的思維，只會不斷的撞上一再重來的錯誤與阻礙，所以必須走過啄斷嘴喙、拔去爪子和羽毛的過程，他們不得不放下舊的思維，認眞的更新腦袋裡的觀念和想法，去嘗試新的錯誤。

好像一個人本來只會走路，現在要學騎腳踏車，一定會摔個幾次，難免摔得遍體麟傷，所以他們知道這一段路程的悲痛與辛苦，所以他們學會了堅強，這就是他們謙卑的悲見。

## 觀念的框框

師兄聽完老鷹重生的故事，回到師父面前，師父問：「故事聽完，有沒有感受？要不要好好的跟師父學習，要不要做師父的門生呢？」

師兄毫不猶豫的說：「好！」

師父說：「你要不要重新創造新的人生，要不要換一個新的鍋子呢？你們如果要做生意，思維一定要靈活，不能死板板的沒有變通，就像你種的樹，讓它結出樹瘤是最好的，但是你敢做嗎？有的人是用藥物去做出來的樹瘤，所以產生的沉香會傷害人體，但是如果你不讓它結樹瘤，這棵樹能夠生出油脂嗎？既然不希望傷害人體，那你就要想辦法啊，這就是一個觀念的轉變，樹受傷之後才會分泌油脂、結成樹瘤，雖然一時受傷沒有關係，你再用營養品去補充它養分就好了，這樣的觀念你能夠接受嗎？」

師兄做的是新創事業，種植活體的沉香樹，不同於一般買到的沉香木，他也有自己的理想和堅持，他說：「我們不用化學肥料，是怕樹的沉香多了不應該有的化學物質。」

師父說：「師父說的只是注重如何讓樹受傷，又要如何照顧好這棵樹，並不是要你使用毒的東西，重點在做出樹瘤，而不是用理念限制了自己，你的觀念就是在這個框框裡面打轉，如果想要成功，你還要等待多久呢？時間過得很快，一年又過一年，如果一直在談理論，何時才要成功呢？」，

師兄說：「我要檢討我自己。」

師父卻搖了搖頭說：「不是檢討，你做的都沒有錯，只是時機不同，如果時機對了，你就會明白，樹的葉子也

可以被善用啊，你們可知道沉香的葉子也有分爲圓的和尖的兩種哦。」，大家都搖頭不知道。

師兄幫忙補充說：「沉香因爲生長環境的不同，當它水分充分的時候，它的葉子就是圓的，如果樹種在山坡地，葉子就會變尖的。」

師父接著說：「如果葉子變尖，這棵樹就沒有用了，葉子圓的最好，它的香氣也最好，如果葉子變尖，這棵樹就失去價値了，這樣師父是不是也有點學問啊。」，週圍響起了掌聲，師父眞的各行各業的專業都能給出建議啊。

師兄笑說：「改天一定邀請師父來我們那裡參觀指導。」

師父說：「現在你種的樹裡，十棵有九棵的葉子是尖的，那要怎麼辦呢？不用擔心，這個時候，就要敢於犧牲，當你種了一百棵樹，雖然九十九棵都是葉子尖的，你可以把它們砍掉，要知道它們的葉子是香的，這九十九棵樹的葉子可以拿來做什麼呢？」

師兄說：「我們之前是拿來做茶葉。」

師父說：「不要做茶葉，你要抽取其中的成分去做清潔用品或沐浴乳，至於葉子圓的品種，就可以留做沉香了。

這就是做法變巧的地方，就要知道如何變通，這樣的做法沒有一點的資源浪費，要知道如何多角度、多單位的思考（參考故事：珠寶與木盒的多角思維），你們才能找到出路。

如果師父沒有說，你們都不知道沉香還有分圓葉和尖葉吧，哎呀，沒有知識也要常看電視，沒有電視也要有點常識，沒有常識也要看一下豬走路，你們光會聞沉香，都不知道沉香是怎麼來的，來爲你們自己的不足打賞吧。」，大家都去打了賞，開心嘛，眞的又長了見識。

師父說：「這就是你的觀念要改變的地方，傷害樹的表皮沒有關係，傷害之後，你才能夠對它用心，表皮的傷害不會造成損害，這棵樹會自己療傷，會分泌出更多的油脂，讓你的產品品質比以前更加的好，當你的觀念，把原本以爲是不好的東西，卻能轉變爲好的東西，你的產量將會更多。

別人都是用化學藥劑去注射，好讓樹瘤長出來，這是不好的，那樣的香氣也不一定眞的香，也只是一時的，但是照師父說的，挑選圓葉的樹去培育，日後它的香氣是非常的好，對於生態也很有幫助。」

我們都容易給自己設下了一個框框，或許是別人說的理論，或許是一個理念，但是在動機與限制起了衝突的時候，那就需要自己做出改變了，事事都要明白動機。

就像許多人主張不要吃肉、不要殺生，但是一個做食品生意的人，如果他不碰肉食，他要如何懂得客人的口味和想法呢？他又要如何改善自己的經濟呢？

不吃肉的用意，其實在於修心，修他的心裡不要生起殺機，才不會傷了自己的福德，否則，就算沒有吃肉，心裡卻時時對人有殺機，總忍不住要罵人，那反而失去了修心的動機。

我們需要務實的轉變觀念，需要明白此刻眞正的動機是什麼，試著改變自己的規則，務實的去嘗試看看，看看調整了規則之後，是否眞的有帶來壞處，眞的做了，才會有實際的經驗，才能夠在理想之中，找到眞正接地氣的出路。

## 理想與配套

師父說：「有一個有錢人每天都在聞上等的沉香，聞了十年之後，卻開始咳個不停，也不知道是爲了什麼，後來遇到了濟公師父，濟公師父說：『哎呀，你生活過得太享受了，沉香聞得太多，以後不能再聞沉香啦。』

問題發生了，要怎麼解決呢？濟公師父就問，家裡的茅廁在哪裡？他把這位員外關到茅廁裡，又把茅坑的蓋子掀了開來，裡面臭得要死，關了他一陣子之後，員外一走出來，馬上嘔的一聲，吐出了一隻蟲子來，原來他聞這上等沉香，聞到肚子生了蟲子。

所以，再好的東西，也要適可而止，用得太好，也是會長出蟲子哦。

這個故事並不是說沉香不好，更不是叫你們不要去聞沉香，重點在於『適可而止』，人們都厭惡廁所的惡臭，但是你們以爲不好的東西，卻不一定就是壞的。

一個人如果太過理念化，太過於理想化，也要有個配套，配套就是要學習實務的經驗，好好的學吧，好好的改變你的想法。

你認爲有毒的東西，其實未必如此，這一棵沉香樹如果是好的，它自然會化解毒的東西，那就代表它的沉香是好的，明白了這一點，你才會改變做法，以後你的產量才會更好，東西如果太貴，沒有人買的話，也沒有意義，商品就要平民化，善用葉子的香氣，去發展洗手乳的產品，以後你的經濟就會更好，去取法號做門生吧，去吧。」

不管在哪一個行業，師父常常在提醒，要注重庶民經濟，商品就要做到平民化，這消費市場才打得開，不需要追求使用高檔的材料、食材，而是站在消費者的立場，想想怎麼做，才能夠造福更多的人，才能夠讓更多人用得到我們的好東西，要爲自己的理想打造一個實際的配套方案，這也是一種與人共好的心啊。

### 【靜觀聽聞】

觀察師父是如何點醒一個第一次見面的人，是一個相當特別的體驗，可以感受到師父的靈感，可以聽見教導的禪機。

這位師兄多堅持了兩小時，留在廟裡，所以得到了師父的故事與點醒，是不是就像那隻白鷹多堅持了兩小時，這才看到了那一束光照在野兔身上呢？但是抓不抓得到，就要靠個人自己努力了。

他告訴我，過去在其他廟裡，他是從來不會問事的，沒想到竟然第一次問，就成爲了門生，那是因爲師父講出來的那些專業細節，點出來的觀念，的確是他目前遇到的問題，也是他未來改變的一個轉機。

爲什麼許多師兄師姐，包括我自己，每個週末都能夠大老遠的從北部開兩三個小時的車，來到廟裡聽師父的教導呢？那是因爲我們深有體會，每一次師父給的點醒，都能夠幫助我們改變心情，轉換觀念，這就是一種『換氣』，轉化了心中的壓力和情緒，更有生活的動力。

時也，命也，運也，昨日的宿命雖然難以改變，但是明日的運，卻可以靠今日做起，自己的時機，自己創造，自己的貴人，自己尋找。

所謂禪，就是單一的心，悟禪，就是看見那些多餘的心，逐漸放下固執的觀念與框框的過程，這就是師父教導的用意。

那一束光已經給了我們，想要開悟嗎？一切就靠自己做起。

## 相信，悟性

悟性，是先天的本能嗎？還是後天可以開發的能力呢？

「爲什麼你們能夠從師父的故事裡得到啟發呢？爲什麼我不能呢？爲什麼我聽不懂故事裡的涵義呢？」，幾年前，有位師姐曾經問過我這個問題。

關鍵其實在於師父當時對她說的話：「現在的妳，對師父是十分的相信，又是十分的懷疑。」，那時的她，仍是以過去的思想去評斷師父說的每一句話，越是比較，心裡就會有越多的懷疑。

先有懷疑是對的，所謂嫌貨的人，才是眞正買貨的人，但是不要拒絕接受和傾聽，自己要去驗證道理的實用性，然後才有眞實的相信。

在師姐一點一滴的驗證了師父的道理後，她自己放下了心中所有的懷疑之後，現在的她也學會如何從故事裡得到她的領悟，她也開啟了自己的悟性。

先去除了疑心，就能夠開啟悟性。

## 十分滿的一杯茶

師父說：「有個修行的人，聽說濟公師父很厲害，他有些不服氣，就上門去找濟公師父。

他一進門就說：『師父啊，聽說你很有靈感，我特地來拜訪你。』

濟公師父笑說：『來來來，寒舍有些淩亂，你來這裡坐吧。』

濟公師父拿了一個茶杯，開始往杯子裡倒茶，不斷的倒，茶杯這時已經滿出來了，這個人連忙阻止濟公師父，別再倒了。

爲什麼濟公師父要把茶水斟滿呢？人家說茶杯倒茶，七分滿是敬重，八分滿是尊重，如果是九分滿，就是提醒客人時間晚了，十分滿就是要趕客人走了。

這個人很不高興的說：『師父啊，我眞心眞意來請教你，你爲什麼要用這杯茶趕我走呢？』

濟公師父說：『我不是要趕你走，你看，這杯子已經滿了，如果再往裡面倒水，茶水就要滿出來了。

如果不先把杯子裡的水倒掉，又要怎麼倒新的茶水進去呢？就像你的腦子裡，裝滿了過去的思想，裝滿了自己的想法，又要如何聽進去師父的道理呢？總是拿著自己的想法在跟師父說的話語比較，這樣又怎麼聽得懂呢？

你們如果要學習新的東西，那就先要放下以前的觀念，先清空了腦袋，再來聽師父的道理，這樣才有意義啊。

要知道，世事總是道理在走，而不是人心在走。」

人心總是比較，如果你說的，跟我想的不同，有一句話不中聽，有一件事不順心，『我』就會給人貼上標籤，不再思考。

『又來了，老闆又來找我麻煩了，每次報告都要一直改，他一定是完美主義在做怪。』，給老闆貼上一個標籤之後，就無法去深思、體會，無法明白每一個地方修改的原因。

『孩子又忘了帶功課回家，他一定是玩手機玩到分心，所以對自己的事情都不關心了。』，給孩子貼上標籤之後，是否還能夠保持一分耐心和愛心呢？世上的每一件事情，都是照著道理在走，卻不會考慮到人們喜歡或是不喜歡那個結果。

最大的問題在於，人們無法接受已經發生的事實，但是啊，我們唯有甘願接受了結果，才有機會重新啟動我們的思考，想想自己是不是有什麼地方弄錯了，才有機會學到經驗，才有機會領悟一個新的觀點。

『老闆爲什麼每次都要把某些字眼標成紅色呢？也許那些地方才是重點，那些字眼爲什麼重要呢？老闆在想什麼呢？』

『多問兒子一句話好了，要怎麼解決功課沒帶回來的問題呢？有沒有什麼方法可以幫他的忙呢？他今天在學校過得好嗎？』

撕掉標籤，拿掉腦袋裡的那些過時的想法，拿掉過去對人的看法，回到當下，重新的看，重新的聽，重新去想，重新開始一個新的思想，空著自己的茶杯，接受新的茶水。

## 要種什麼花

師父說：「做人，要懂得順水而後行，不需要聽了別人一句話，就要跟別人對立，這只是在給自己製造問題。

有一個人，他種了一排的牡丹花，結果有路人經過說：『哎呀，牡丹花不好看啦，你應該種百合花，百合花才好看。』，他聽了之後，馬上就改種了百合花，換了百合花之後，又有路人說：『你怎麼種百合花呢？那是喪事用的花啊，你應該種荷花。』，他馬上就改種了荷花。

這時又有路人說：『荷花不好看啦，你應該要種蓮花。』，他又改種了蓮花。

『你是要吃齋唸佛嗎？怎麼會種蓮花呢？你應該種玫瑰花啊。』，他就改種了玫瑰花。

『玫瑰花有刺，到時會讓你的家人天天吵架，趕快改種其他的花啦。』，到最後，他的門前一朵花也沒能種起來。

這個人什麼事都聽別人的意見，事事隨波逐流，做到最後，他只會剩下一個痛苦的心。」

坐在師父面前的師姐，聽到這裡，她說：「我沒有，我並不是什麼事都聽別人的意見。」

師父說：「好好體會師父的故事，人的固執有兩種，一種是事事都聽別人的，另一種是事事都不聽別人的，這都是固執，所以你們跟人說話就要柔軟，才能學會溝通，不要每一件事關起門來自己做，都不願意跟別人溝通。

別人說東，你就偏偏要說西，你是不是喜歡說話吐槽別人啊？」

師姐再次堅決的說：「我沒有！」

師父扇子往桌上一丟，說：「師父講的每一句話，你都說沒有，這樣要怎麼教啊，師父要退駕了啦，氣～～。」，大家聽了都笑了起來，師姐趕緊撿起扇子，笑著還給師父。

師父說：「別人說花蓮的西瓜好吃，你偏偏要說台東的西瓜更好吃，別人說這個東西好吃，你就偏要說它不好吃，這樣的比較說話，要怎麼廣結善緣呢？

所以你需要學習什麼呢？

要學習柔軟，要學習追隨，要學習臣服，否則你就無法被人善用，別人也不願意跟你合作，因爲你總是堅持自己，無法與人共好。

過去的靜觀也是不懂臣服，所以難用，去找靜觀，聽聽看什麼是臣服。」

茶杯不空出來，要如何學習呢？

自己淸空了茶杯，等著師父倒茶水，那就是臣服的心了。

## 臣服自己

我們從小到大，習慣了『我』的觀點，習慣把『我』的方向當做『對』的方向，所以容易與人衝突，因爲別人也會堅持他的方向才是對的。

我對師姐說：「在我聽來，這個種花的故事，講的就是臣服的道理，你覺得呢？」

師姐說：「我聽不懂師父在說什麼，爲什麼是臣服呢？這個故事不就是說一個人的心不定嗎？」

我問她：「心如果不定，那麼心要定於何處呢？」，師姐停頓了一下。

我接著說：「一個人的心要定，就要明白臣服的意義，我們要臣服在自己當下扮演的角色，不是臣服於別人，而是融入自己當下的角色，也就是當下的身分。

就像故事裡的這個人，只要他明白自己種花的動機，明白自己究竟是爲了什麼種花，當他臣服於自己的動機，無論別人說什麼，他都可以安定做出選擇，不需要與別人對立。

就像我們坐在師父面前，我既然是門生的身分，門生就是虛心受教、學習，所以師父說的每一句教導，我都會接受，無論那一句話聽起來多麼的不合理，我都會接受，這就是臣服於自己的角色、動機，自己的心先臣服了，才能夠完全接受師父說的每一句話，才能夠開始領悟那一句話對於我的意義。

這就像是吃藥，我們知道藥很苦，但是無論如何都願意吃，因爲那是醫生開的藥，因爲吃藥也是爲了自己。」

臣服，不是臣服於老闆，也不是臣服於別人，是臣服於自己的角色和動機，爲了扮演好這個角色，爲了忠於動機，我們的身段可以柔軟，我們的面子也可以放下，這就是臣服的力量，先要有個臣服的心。

## 臣服終見悟性

師姐問：「爲什麼你聽得懂這個故事，我卻聽不懂呢？」，又是這個熟悉的問題。

我說：「因爲我相信師父說的每一句話，都是有用意的，我沒有去選擇師父說的話，每一句話我都選擇誠心接受，然後自己去思考那句話背後的意思。

舉個例子，幾年前，有一次我爲了管教孩子的問題，和老婆大吵了一架，隔天去到廟裡，師父卻對我說：『靜觀，如果老婆不讓你買貴的東西，你就自己去買，你自己賺的錢，當然可以買，師父支持你。』」

師姐又問：「師父爲什麼這麼講？你並不是因爲買東西才吵的架啊？」

我說：「但是我沒有急著去質疑師父的話，我接受了那一句話，我反而是用那句話來調整我自己，我開始想，老婆一向都是包容我，我想買高檔手機，她都是支持我的啊。

想到這裡，我的心情就轉變了，因爲師父這句話，讓我對老婆有了感恩的心情，我也不再生氣了，我更加感謝師父點醒了我的感恩。

這就是師父教導的方法，每一句話不管對錯好壞，都有師父的用意，我們既然選擇做了門生，就是要十分的相信，十分的學習，一定要先拿掉懷疑。

不要用『我』的想法去判斷教導的對錯，而要用師父的教導去檢視自己、調整自己。

如果『我』看到師父說的話是偏的，表示我『看』的角度需要調整，我需要轉個角度，用師父的那一句話重新的檢視自己，在自己的想法裡一點一點的檢視，找出來哪裡有衝突，哪裡有害怕，然後知道哪裡需要調整，只要能夠持續的這麼做，就能夠解決自己的問題。

對於公司老闆、對於重要客戶，甚至對於下屬也是一樣的，他們說出來的話，如果聽起來不合理，那就開始融入對方的角色，試著看見他們的動機，我們就不會再有對立的心情，也不會再有害怕，還能夠解決他們的問題。」

開始臣服自己的角色和動機，臣服於道理，清空過去的舊想法，調整「我」的心情和思緒，放下小我的想法，接受新的訊息，啟動一個新的思考。

融入了角色身分，明白了動機，我們就會看見不一樣的人心，新的思考將會帶來新的訊息，那就是參悟的消息，慢慢就會有了不同的觀點，新的視野，新的格局。

以師為正，導我為正，
臣服之中，終有悟心。

## 做自己的師父

悟性，是源自於臣服自己的角色與動機。

當此刻的動機是要參悟一個故事，想要參悟一段教導，就需要先臣服自己的心，清空了自己的情緒、想法，虛心接受新的看法與想法，然後，嘗試著在新的想法裡，重新推理一次，想想看，如果事情就像師父說的那樣，我將會需要如何的收拾心情、改變心態、調整作法。

當我們一步步引導自己思考的時候，我們扮演的角色，就像是自己的師父。

師父說：「看待人生的心，不需要黯淡，只需要等待，那些難過、失望的感受都不需要想得太多，把一切痛苦的感受都放輕鬆，該是你的就會是你的，不是你的，自然就不是你的。

放輕鬆，人生就是要開心，不管走到哪裡，就是熱情、熱度，還有親切感，其實就是這麼簡單，如果你們都能夠做到，你們就會像濟公師父一樣，走到哪裡都是面帶笑容的感受。」

門生問：「請問師父，親切感是怎麼來的呢？」

師父說：「親切感是從欣賞別人開始的，對人一定要有一個欣賞，有欣賞才可能會有親切感。

如果不能找到欣賞別人的那個點，就會容易走入自我，因爲對別人不感興趣，所以朋友們聊天的時候，也不會想到要與人打成一片，這樣就會失去親切感，所以師父常說，要修『順眼心』，你們要知道，每個人一定都有他的優點或長處，所以師父在面對每一個門生、教導每一個信者的時候，師父都是一寸人，所以師父能夠看到每一個人的三寸、五寸，能夠欣賞每個人的長處，所以能夠保持一個親切感和熱情，去教導每一個人，所以，先學習欣賞，才會有親切感的動機，才會有動力去親切的面對這個人。

有了動力之後，要如何做呢？一定要有耐心，用耐心去『傾聽』與『聆聽』，才能做出自己的親切感，如果眞的覺得別人說的話很無趣，那就想想自己等一下要去麥當勞、或是肯德基買什麼來吃，想想等一下自己要做些什麼有趣的事情，要找出方法保持自己的耐心聆聽，而不要找理由去拒絕別人、挑剔別人。

你們想想看，如果別人對你說的話沒有耐心聽完，自己會是什麼樣的感受呢？所以要懂得欣賞，要用耐心去傾聽與聆聽，才能做到對人的親切感，自然會有好的人緣，你們的人生就能擁有更多的笑容。

有什麼會妨礙你們的親切感呢？那就是你們的傲氣。」

如果只看文字，師父說的每一句話讀起來都是合理的，但是有沒有哪一句話，讓你覺得心裡會揪一下呢？

## 放鬆心情

最近有沒有心情黯淡的感覺呢？有沒有難過失望的感受呢？那些感受是不是來自於自己的患得患失呢？

「該是你的就會是你的，不是你的，自然就不是你的。」，用這句話安定自己的失望感受，不需要擔心自己是不是沒有做好，會不會影響別人的觀感，試著用這句話放鬆自己的心情，這就會是一個參悟的開始。

## 一寸人

在生活中、工作中有沒有看到不順眼的人呢？有沒有什麼人總是困擾著你呢？嫌那個人脾氣差、覺得那個人能力不好、這個人不聽話又難相處，但眞的是嗎？也許是我們把「我」看得太高，以爲對方本來就應該聽我的話呢？

「親切感是從欣賞別人開始的，對人一定要有一個欣賞，有欣賞才可能會有親切感。」，能不能夠換個角度，先去欣賞那個人的優點，平衡一下對那個人的感受，不要讓自己深陷在對立的情緒裡。

## 『師父都是一寸人』

師父是用一寸人的心情在教導我們，所以師父看我們好像都比他高，而又期待我們長得更高，我們能不能夠學習師父，也用一寸人的心情去欣賞別人呢？縮小自己，縮小面子和尊嚴，就能看見別人的優點，這是一種不同的自信，就算縮小了自己，也不會改變對自己的相信。

就像我部門裡有一位同仁，他常常被我的老闆抱怨，說他太固執，總是不願意改變，很難溝通，但是我知道，他的固執是爲了把工作的細節照顧好，他能夠把副總的演說一字一句的整理出來、願意把別人講話的重點做整理，正是因爲固執，才能堅持去完成它，這就是固執的好處，所以大部分的缺點，其實都有它的好處，就看我們能不能用一寸人的心情去看事情。

我要怎麼跟他溝通呢？就是耐心，慢慢的分析老闆的想法，也把我的動機說給他聽，讓他不要害怕改變，一步一步的引導他，因爲知人，所以能夠善用，這就是親切感的由來。

## 親切感

放下了得失心，才有足夠的信心去做一寸人，做了一寸人之後，我們就能夠有足夠的動機，去欣賞別人、接近別人、傾聽別人，也會有了更多的耐心和愛心，可以仔細的感受別人的心情。

「爲什麼總要我去感受別人心情，那我的挫折心情要誰來感受呢？」心裡忍不住還是會出現這樣的聲音，對吧？

再回到第一個參悟點，放鬆心情，如果我企求別人來同理我的心情，只會讓我掉進「求不得」的痛苦裡，所以要放下得失心，再繼續的參悟自己，讓自己轉變心情。

這樣的功課需要每一天持續不斷的做，在每次情緒升起的時候，就提醒自己，在每一次看人不順眼的時候，就想想「一寸人」，放下了情緒，回復自己的耐心和愛心，仔細的感受別人的心情，轉變說話的口氣、聆聽的態度，自然的，我們就能做出親切感，這是另一個參悟。

試著讓道理入了自己的心，臣服於自己的目標和動機：「我一定要成長！」，鼓勵自己，放鬆自己，一切都可以重新再做起。

照顧自己，是自己的責任，我們能夠全天二十四小時的照顧自己、提醒自己，所以要做自己的師父，並且臣服於自己，每一個痛點，都是開悟點，都能夠增長我們的悟性。

昨日受過的痛苦，不是今日的痛苦，不用惦記。

今日承擔的痛苦，將是明日的轉變，臣服自己。

# 更好的自己

管理情緒，是一門困難的功課，難就難在人們雖然知道情緒的危害，卻還是捨不得自己的情緒，放不下情緒，只好任由情緒改變了自己的人生。

更糟的是，每次因爲情緒犯了錯、說錯話時，又會氣著責怪自己，告誡自己下次一定要忍住，一定不可以再發脾氣，然後呢？同樣的情緒、自責的劇本，仍然會一再重複的上演，不斷在失控的情緒與自責的情緒之中輪迴。

用自責的情緒去壓抑憤怒的情緒，就好像不斷的用髒的水去清洗一個骯髒的水池，永遠也洗不乾淨，所以師父總是提醒我們，不要責怪自己，不要壓抑自己。

那麼，要怎麼讓一池污水變得清淨呢？

就要引入清水，讓濁水可以排出去，清水就是新的觀念、做法，濁水就是昨天的做法和想法，如果能夠不斷的學習，並且選擇新的做法，自然就會遠離了昨天的想法，心中這一池水，自然也會越來越見清澈。

用比喻的方式來解釋，自然是容易理解，等到眞的要做的時候，卻仍然會不知不覺的走上了原來的那一條路，這正是人的盲點。

「我一直都是這麼做的，現在爲什麼不能這麼做呢？」

「我爲什麼不能照自己的意思說話？」

「我爲什麼不能做自己？」

當然要做自己，但是，我們要做的，是一個眞正快樂的自己，是能夠遠離煩惱的自己，而不是昨天那個痛苦的自己。

如果看不見情緒帶給自己的痛苦，如果以爲痛苦都是別人造成的，就會捨不得昨天對別人的怨，接下來，我們的心將會拼命的防守自己的想法，就會固執了自己，好讓自己繼續安心的走在原來的痛苦路上，而不需要面對改變。

「那是別人的錯，應該改變的是別人，不是我。」

這樣的想法，是把人生的主導權交在別人的手上，因爲我們改變不了別人，這樣的想法讓我們無能爲力，剩下的只能聽天由命，只能看別人的心情好壞，看別人願不願意讓步，這樣的人生也只剩下宿命。

要記得，我們能夠主導改變的，就是自己，我們能夠依靠的，也只有自己，是那一個更好的自己。

# 更好的一條路

師父說：「在你們眞正得到成就之前，每一個人都需要經過痛苦和經驗，都需要歷經情緒的體會，在每一天的繁華世界裡面，爲什麼明明眼前有一條好走的路，卻偏偏要爲了情緒，而走上一條更加困難的路呢？

如果只需要一句柔軟的話，就可以讓老婆的心情更好，爲什麼不願意說呢？

如果不要把心中的老實話都說出來，而是順著別人的說話去應對，如果能夠讓事情更加的圓滿，爲什麼不願意呢？

如果用心的學會認主，就能夠讓自己的事業順利，讓經濟能力更好，何樂而不爲呢？好好想一想這一些問題，每天想一想，是不是有必要堅持原本的想法、態度和感受呢？願不願意選一條更好的路呢？

有人說：『我對老婆很好啊。』，重點是，他的老婆有感受到嗎？她有更多的笑容嗎？

有人說：『我很願意溝通啊。』，重點是，我們有沒有接受別人的錯誤呢？我們能不能不去責怪別人，好好的解決問題呢？

有人說：『老闆交代的事，我都有做了啊。』，重點是，我們有沒有學會認主的態度，打自心底接受老闆的意見，有沒有學會臣服的心情，從嘴巴表現出誠服的態度呢？

如果答案是否定的，那就表示我們還需要加把勁，要給別人更多的用心，要做到他們有所感受，也需要更多的學習和努力用心。

所以對於每一天的生活，除了要表現出熱情，還要有足夠的熱度，讓別人真正感受得到我們的熱情，好像是炒菜，如果火候熱度不夠的時候，菜就炒不熟了，人與人的交情也會是半生不熟的。

熱度是怎麼來的呢？就是從你們修養、口德和德行的工夫來的，堅持的工夫要下得深。

什麼是德行呢？那就是你們平時的所做所行，那就是你們的良知。」

良知，就是一念之間的轉變，在憤怒與冷靜之間、在情緒抱怨與處理問題之間、在責怪別人與調整自己之間，提醒自己，一定要選擇一條更好的路，沒有自責、沒有與人對立，也沒有爭吵和怨恨別人的那一條路。

濟公道，就是我們用來洗淨池水的清水，它需要不斷的學習，不斷的練習，需要在修心、修口下工夫，然後清淨了心中的每一個念頭，心才能夠安靜。

當人們說，『不要怨恨別人』，說是容易，但是當別人把事情搞砸的時候，當我們發現別人在背後說自己壞話的時候，我們的心裡真的能夠無怨嗎？

不可能的，多多少少總會有怨，那是人性。

在這個時候，面對心中有怨的時候，我們就要為自己尋找一條更好的路，要接納自己的人性，接受自己心中有的怨，不需要否認，也不需要辯解，更不需要抱怨，只需要全然的接納自己，但是更要學習，學習如何開導自己，學習尋找那一條更好的路。

這條路的起點，可以從濟公道的故事開始學習。

## 故事：關不住的袋鼠

這是一個改編自網路的小故事。

師父說：「動物園裡養了一群袋鼠，為了防止牠們逃跑，於是建了一道一尺高的圍牆，結果第二天，管理員發現袋鼠居然全部都跑出牆外了。

牠們是怎麼逃出來的？管理員想了想，八成是牆太矮，所以牠們跳出去了，就把牆加到兩尺高，誰知道隔天一樣整群袋鼠都跑了出去，管理員又把牆加到五尺高，『這下子夠高了吧。』，他想。

到了隔天，整群袋鼠照樣跑了出去，管理員只好把牆加到了九尺高。

這時，隔壁的長頸鹿問袋鼠說：『牆這麼高，你們還跑得出去嗎？』

袋鼠笑笑說：『如果他的門還是不關起來，我們當然跑得出去啊。』

原來是門沒有關，所以一直加高圍牆有什麼用？人的個性就是如此，總是在加高自己的牆，卻沒有看到自己個性裡有一扇忘了關的門，好像人們一直到處的求神拜佛，求事業順利，但是自己的個性不改變，那有什麼用呢？求身體健康，如果自己的心情不改變，總是用情緒折磨自己，求神、求師父又有什麼用呢？。

個性要改變，這道門要關起來，不要注重外在的運勢好壞，而是要注重問題的本質。」

不斷加高牆，防堵自己的嘴巴發脾氣有用嗎？如果心裡那些看人不順眼的個性沒有改變，如果仍然用著好壞、對立的心情看事情，心中的怒火哪裡是嘴巴擋得了的呢？

所以要做修心的功課，從內在開始改變，改變自己的心態和想法，學習如何善待自己、照顧好自己的心情。

所以要做修口的功課，轉變外在說話應對的態度，改變自己的人和與善緣，

這一切，就從善待自己開始，先無所求的給予自己，給自己時間，讓自己有時間去學習，人說磨刀不誤砍柴工，不能總是為了賺錢，而耽誤了自己的學習，

給自己觀念，願意接受新的觀念，學會轉念，擺脫習性的糾纏，改變與人對立、爭對錯的習慣，

給自己用心，用心的照顧每一個不安、憤怒的心情，用心實際去做出每一個道理，得到自己的經驗。

用學習模仿，改變內在的心態和思維，

用奉獻付出，改變外在的人和與因緣，

這就是善待自己，用善的知識對待自己的每一個念

頭，然後我們的每一個給，都能夠無怨，也無所求。

## 城主的轉念

師父說：「人在得意的時候，要一步一腳印，一步一感受，是失意的時候，越是不能說話得罪人，不需要對別人恨之入骨，心中不要有恨，凡事都要謹慎、修口，今天如果一句話傷了別人，改天別人就會找機會給我們落井下石。

就像是失戀的時候，被女友拋棄了，不要在心裡糾結，不要有怨恨，你們要這麼想：『啊，我又可以找一個新的女朋友，換一個不同的人，我還可以嘗鮮。』

這就是轉念。

既然已經不在一起了，那就不要再繼續苦守寒窯，這個時候就要感謝她給我機會可以換換口味，要轉念！師父就說一個轉念的故事吧，在你們的思想改變之後，在你們的觀念改變之後，心中的轉念，關鍵的一句話，就會讓事情完全的不一樣。

有一個城主，帶著他的家丁，和他最信任的管家，去一間廟裡聽和尚講經說道，和尚說：『你們這輩子造什麼業，下輩子就都要還給別人，就像你們這輩子殺了人，下輩子就要還給別人。』

城主聽了和尚的這段話，深深受教，心裡很有感觸，回去後，也常常和他信任的管家提起這一段話，這個管家，每個月都要幫城主向佃農收取租金，沒想到，這個管家利用城主對他的信任，每次收完租金，都會私藏一部分錢進自己的口袋。

有一天，有人向城主告密，城主非常的生氣，自己一向信任的管家，竟然做出這樣的事情，於是讓人把管家抓了起來，說要打他二百大板。

這個時候，管家反而很輕鬆的說：『哎呀，千萬不可以打我啊，這一世你打了我，下一世你就要還我，這是廟裡的師父說的啊。』

如果你是這個城主，你會不會打他呢？你會不會就這麼接受了管家的話呢？

城主想了想：『對啊，廟裡師父講的，這輩子造的業，下輩子都要還啊，那我還是別打了。』

這個時候，城主的夫人出場了，人家說啊，每一個成功的男人背後，總是有一個女人，這個夫人眞的不簡單。

夫人說：『如果今天您不處罰他，以後每一個幫您收租的人都會像管家這樣虧空公款，那就無法建立一個制度和規矩啊。』

城主說：『但是和尚說我這輩子打了他，下輩子就要還啊。』

夫人笑了笑說：『這個管家啊，就是上輩子打過你，所以這輩子要換你打他啊。』

城主一聽就開了悟，馬上叫人打了管家二百大板，打完之後，就把他逐出了家門，這就是轉念。

每一個人都會遇到痛苦的感受，但是要知道轉變，轉變當下的念頭，不要跟著痛苦的感受往下走，而要換個方向思維，失戀了，轉個念，被老婆、老闆罵了，也轉個念，期待明天會更好，所以轉念很重要啊，在心情不好的時候，就要換個念頭，不要一直困在同一個念頭裡煩惱，才不會讓自己龍困淺灘、寸步難行啊。

就像城主夫人那樣，她會找到新的角度看事情，管家往下輩子去講，我們偏偏從上輩子講起，這就是轉念。

不管遇到什麼事情，轉念。

在情緒來的時候，在心裡感到痛苦的時候，那就是練工夫的時候到了，要練習轉念。

不要跟隨痛苦，要跟隨你的良知，選擇更好的那一條路，停下來想一想，這個時候能不能換個角度看事情，能不能先把事情放著，先善待你自己，照顧好自己的心情，接納當下的一切，不責怪自己，不責怪別人，等心情冷靜了，再來重新思維下一步。

師父常說，要頓道一下，頓，就是一個頓點，讓腦袋稍微停頓一下，讓自己思維一下道理，明白道理，想想現在是要認主，還是要挽人心，現在是要承擔結果，還是要解決問題，

頓一下，就會明白道理。

頓一下，讓思維來到當下的這一念，

心念隨時轉變，別要固執了自己。

# 橫行的螃蟹

師父時常提起這一個問題。

師父問：「原來是橫著走的螃蟹，是要怎麼讓它直著走呢？你做得到嗎？」

橫行的螃蟹怎麼可能讓牠直直的走呢？這不是爲難人嗎？

『老闆就是那麼的凶，就是那麼口無遮攔的罵人，我要怎麼讓他變得不凶呢？這怎麼可能啊？』，螃蟹是老闆嗎？

『另一半總是堅持他的想法，就是沒法子溝通啊，我要怎麼改變他的固執呢？』，螃蟹是另一半嗎？

『孩子就是不聽話啊，他成天就是想要玩手機又不唸書，我怎麼能夠改變他的聽話呢？』，螃蟹是孩子嗎？

這些聲音，是不是都曾經出現在我們的心裡？身旁的這些人好像都是螃蟹，因爲他們總是在我的人生裡橫行著，總是用著各種的方法折磨著我、否定著我的想法，讓我做不了自己，面對這個人生，我還有什麼辦法可想呢？

也許，堅持把別人當做是螃蟹的『我』，才是那麼一隻眞正橫行的螃蟹。

## 心的歸依

師父說：「有三種心態的人難以成功：

固執的人、

覺得別人不體諒我的人、

認爲別人沒有站在我的立場思考的人，

這樣的人不會成長，因爲他們找到了一個責怪別人的藉口，他們無法檢視自己不足的地方，他們想要別人照著『我』的路去走，他們在別人的眼中，才是那隻橫行的螃蟹，因爲他們不願意改變。

所以你們需要啟動自己的心，你們要開始做起。

當你們在學習了如何做起之後，慢慢你們就會發現，人生其實沒有那麼困難，也不再是那麼的痛苦。

如果這個人生能夠不爲了一些小事生氣，是不是很快樂呢？

如果每一天都能夠專心的做自己該做的事情，而且沒有人與人之間的拉扯，是不是很快樂呢？

如果自己能夠甘願承擔事情，能夠承受老闆的情緒、能夠承受自己看別人的不順眼，能夠做出心甘情願的決定，用心解決問題，這樣是不是很快樂呢？

不需要一直擔心別人、牽掛別人、抱怨別人，開始承擔自己的情緒與人生，一切就會開始好轉：

承擔，並不是一件痛苦的事情，

承擔，是讓自己的心知道要怎麼走，

承擔，是讓自己的心明白怎麼歸依，

面對自己的心，無論環境是如何的紛擾痛苦，都要能夠歸於一條路走，就像那一隻螃蟹，牠總是橫著走，要怎麼讓它直直的走呢？

很簡單，挖一條直直的道路給牠，牠就會直直的走了。」

濟公道就是那一條直直的道路，心歸於一，歸依於這一條道路，拿掉那些想要不顧別人想法、拿掉想要橫行的念頭、拿掉與別人對立的念頭，拿掉想要證明自己的骨氣，統統都拿掉，我們走的路就會是直的，本來複雜的人間，就會開始變得簡單。

## 心的承擔

承擔，是取回人生主導權的第一步，它就是自己作主，無論是老闆或另一半的決定、無論是孩子的決定，我們都可以選擇承擔。

老闆把我罵了一頓，我可以甘願承擔，仔細的聽他說了什麼，仔細的思考我要做些什麼，我要調整些什麼，至於他說的那些情緒性字眼，我都可以選擇放在一旁。

「有必要把話說得那麼難聽嗎？」，沒關係，難聽的話就是左耳進右耳出，我們承擔。

「為什麼不能多一點同理心呢？為什麼不替我想想呢？？」，沒關係，只要問題解決了，我們甘願去承擔，不要去怨。

「為什麼他要那麼小心眼呢？為什麼他一定要用情緒做事情？」，沒關係，能夠承擔別人一分情緒，能夠修好自己的口，這就是一分福德，

甘願承擔，不讓心有怨念，不讓口出怨言，這就是修

心與修口的功夫，就是我們累積福德的功夫，每一天爲自己累積這些福德，等待福德足夠了，上天自然會爲你的命數劃上一撇。

有句俚語說：「千算萬算，都比不上天的一撇」，意思是說，任憑人再怎麼強求結果，也不如上天劃上的那一撇，不如放下患得患失的心情，靜下心情，面對每一天的生活，承擔這個人生，好好的做修心與修口的功夫，人生的轉機就會在無意之中悄悄的到來。

甘願承擔、修心修口，我們的心就走在了大道之上，直直的走，不再像隻橫行的螃蟹。

## 心懷大局

師父說：「面對人生的困境，你們需要膽識和膽量。

這隻螃蟹如果堅持要橫著走，你們就要想盡方法去改變牠，你們要勇敢去挖出一條直路來限制住牠，

遇到越是蠻橫的人，你們越是要想盡辦法，去爲自己開出一條路來。

做人不能聽天由命，放任螃蟹橫行的人，永遠難以成就，如果別人說什麼，你就接受什麼，你將會永遠活在別人的想法中，卻沒有了自己的堅持與想法，

在成就自己之前，你們必須找回信心，要能夠相信自己、拿出勇氣追求自己的目標，雖然說，『人在屋簷下，不得不低頭』，目前自己的實力如果還不夠，那就低頭吧，平淡自己的心，不用在意自己處境的好或壞，繼續的

學習濟公道，實行自己的做法，協調自己的心情，做出一個不同的熱情。」

人在屋簷下，不得不低頭。

低頭的，是我們的柔軟身段，那是爲了大局的圓滿，卻不是爲了打擊我們的信心和膽識，我們不會因爲一次被罵，就放棄了開口說話，就放棄了表達動機，甚至想要逃走離開。

我們低頭，我們放軟身段，那是自己做的決定，也是爲了扮演好自己的角色，這就是心的格局，不斷的提升自己的格局，仍然要保有本來的膽識和鬥志，仍然不斷的學習，等待實力累積。

我們仍然不斷的尋找出路，不要對立，而要找一條更好的路，不斷的克服心中的畏懼，也不再逃避，不斷的用熱情，去改變別人的態度。

## 【靜觀聽聞】修一條直路

面對別人不合理的情緒時，我們能夠怎麼辦呢？怎麼去走一條更好的路呢？

在不久前我升上了主管的位子，這段日子裡的工作壓力相當的大，我的老闆也剛剛升了一級，更是承受了巨大的壓力，有的時候，我難免要承擔他的情緒言語，常常一通電話來了，就是劈頭一頓痛罵。

剛開始被罵的時候，心裡是難受的，當然會抱怨老闆的口氣和誤解，但是我已經懂得時刻記著師父教導，我明白抱怨是沒有用的，所以我懂得找方法紓解鬱悶的心情，繼續的提醒自己，要認主，要修心，要修口，不要讓對抗反擊的念頭控制了自己，更不能讓情緒失控。

練習了一段日子之後，心情漸漸能夠放鬆應對了，有的時候，我能夠在老闆憤怒的話語中聽懂了老闆的重點，這時我會放軟身段，而且拿出熱情的笑臉：「哦，原來如此，老闆你的意思是不是要這麼這麼去做就好了，還好有老闆提醒，不然我真的想不到這個方法，謝謝老闆。」，有的時候，只要這麼一句熱情的回應，只要嘴甜一點，真的能夠轉變原來的氣氛，也讓他的口氣變好了。

也許老闆原本腦袋裡的劇本，是一齣罵人的劇本，但是當我說出一句巴結的台詞，完全表達出臣服受教的態度之後，就能夠在不知不覺中，讓它變成了一齣下屬用心受教、上司更用心教導下屬的劇本。

雖然螃蟹想要橫著走，只要我們願意用一個順字，就能夠開出了一條直路來，雖然牠還是橫著走，但是那條路是我們修出來的，這人生的主導權，也漸漸回到我們手上，不再需要對立心情，不再需要鬱悶自己。

師父告訴我：「靜觀，濟公道，就是快樂心、快樂道，不要煩惱自己，要學習與主管相處的過程中，被罵的感受，要學習如何去應對，如何去紓解自己的心情。

既然還不知道老闆在想什麼，那麼被罵就是正常的事情，那些正常的事情就不要放在心底折磨自己，不要當一匹驕傲的馬，要當一隻知之的忠狗。」

雖然主管罵人的字字句句之中，難免會有貶低我們的字眼，但是仍要保有自信，不要被他的一字一句左右信心，更不需要防衛自己，不需要變成一匹驕傲的馬，繼續融入認主的角色，看清主管的心念，看見他承擔的責任與壓力，就能做一隻懂主心意的忠狗。

一念轉變，心境就能轉變，我們的福德，都在這一念之間。

## 鬥牛士的復仇

良知與福德，都在你的一念之間，這是轉念的功夫，是每一天都要訓練的功夫，是每一天要累積的功課。

師父說：「當我們受了委屈，心裡對別人有了不滿，甚至想著日後要把這筆帳討回來的時候，這時應該怎麼做呢？

有一位受人敬重的鬥牛士，常常得到觀眾的熱烈歡呼，即使如此，他也難免有失手的時候，有一天他遇上一頭兇猛的公牛，一個不注意，他被這頭公牛的尖角刺傷了，人們趕緊把他送到醫院，雖然受了傷，人們還是一樣的讚揚他的勇敢，都在醫院門口守候，關心他的傷勢。

包紮完傷口，當他走出醫院，在門口等待的人們都歡呼了起來，他對著群眾說：『今天受了這個傷，我一定要報仇！』，『哦～～～！』，群眾們跟著歡呼。

『我一定要報仇！』，『哦～～～！』，群眾們再次歡呼，鬥牛士昂首闊步的走了出去。

人們一邊呼喊著鬥牛士的名字，一邊跟著鬥牛士的腳步，想要看看鬥牛士是怎麼樣報仇，結果，鬥牛士走進了一間餐廳，他坐下之後喊道：『老闆！給我來兩分大牛排，我要吃牛排！報仇！』

這就是報仇啊，吃牛排不就是報仇嗎？有人會問，報仇就是這樣子嗎？至少我們的心裡感覺舒服了。

等到日後鬥牛士痊癒之後，他又是一條好漢，因爲人總是有失敗的時候，難免會有馬失前蹄的時候，那有什麼關係呢？他有沒有彌補了自己的內心呢？日後他再回到戰場上，他的心裡不會再有糾結，日後遇到下一頭公牛，無論公牛怎麼攻擊他，他更會知道如何閃躲。」

鬥牛士，只是一分工作，只是鬥牛場上的一個角色。

那一頭牛，其實也很無奈，牠說：『你是來賺錢的，但我是來求活命的啊。』

兩者本來就是無冤無仇，只是種種機緣巧合，爲了求生存，不得不在鬥牛場這個舞台上相鬥，離開舞台之後，就是各自的人生或牛生。

好像你叫他『老闆』，老闆也是一個角色，公司就是那個舞台，大家都是爲了求生活或是塡飽肚子才來到了這裡，老闆爲什麼要罵人？就像公牛爲什麼要傷害鬥牛士？都是爲了求生存，都是爲了扮演好自己的角色。

把『老闆』的頭銜、標籤拿掉之後，他就是一個活生生的人，有他原本的名字，有他自己的興趣喜好，有他的痛苦煩惱，就和你我一樣。

下了舞台，你我都只是個演員，如果扮演關羽的演員下了舞台之後，還繼續的憎恨那個扮呂蒙的演員剛剛在台上砍了他的頭，我們會說他太入戲了，他忘了自己原來的身分和人生。

那我們又何必入戲，跟那位扮演『老闆』的人計較、比較呢？人生就是戲，角色各不同，戲演完了，就是各自生活，曲終人散。

如果心裡存著一個『怨』字，那就變成『歹戲拖棚』，輪迴之中，難分難了。

值得嗎？

『仇』，是一種深切的怨恨，那是從『怨』開始的，一開始只是輕微的抱怨，因爲不懂得消化它、忘了提醒自己，一切只是演戲，情緒累積久了，就變成憎恨的心情。

在憎恨之下，什麼行動都會被合理化，罵人、批評，甚至是付諸暴力的行爲，還會以爲自己是對的，是合理的，有誰做了惡行之後，覺得自己有錯呢？

所以師父總是再三提醒，不要檢討昨天的自己，只要調整今天的自己，因爲越是檢討自己的人，他攻擊、責備自己，一直沉浸在那個失敗的場景裡，始終下不了舞台，於是他的心裡越是有怨，一旦變成了怨恨的心情，他就無法善待自己，更是無法善待別人。

所以，要分別角色與人的不同，戲幕落下，心就放下。

人與人之間，要有共同的興趣、善的連結，才有善緣，只要一個怨的惡念，就會變成惡緣，怨怨相報，惡緣就會相連。

這是我們要的嗎？怨怨相報何時能了？

用善的念頭照顧好自己，轉變每一個想要『報仇』的念頭，捨得放下怨念，離開了鬥牛場，這鬥牛士也能拍一拍那頭公牛，一笑泯恩仇，回家吃個牛排，演個報仇的戲，幽默一下自己，這樣的人生，是不是更加的樂心呢？

## 觀念的轉移

師父說：「如果遇到一個心懷慈悲的人，他可能會對鬥牛士皺眉頭說：『你怎麼可以殺生？』

這時，鬥牛士需要跟這個人辯論殺生的問題嗎？有需要嗎？

觀念不同，立場也不同，既然彼此的信仰不同，那又何必去說那些事情呢？只需要用『順』的應對，用耐心去應對，把自己的心顧好，那就足夠了。

把心顧好，去吃那一頓牛排就夠了，不管有沒有報仇，至少吃了牛排，肚子有得到了滿足，照顧好心的感受，那就足夠了。

有句俚語說：『上司管下司，鋤頭管畚箕』，意思是說凡事總是一物剋一物，既然我拿這個人沒辦法，既然說不動這個人，我就從他身邊的其他人開始溝通，像是這個人的下屬或老闆，也許路就通了。

這就是『觀念的轉移』。

但是，一定要做出一種不同的感受，要知道自己的心情，要知道自己的高度在哪裡。

只要你們把心顧好，顧好了心的分寸與高度，什麼事情都不用擔心，上天自然會給你們開出一條路來。」

脫離了角色的束縛看法，放下了給別人貼上的標籤，提醒自己要走下舞台，離開那個鬥牛場，我們的心境與格局，就會不一樣了。

## 是田雞還是公雞？

師父說：「有些人會懷疑師父，說師父的話是玩笑話，都是隨便說的，把師父的話當做是麻雀在叫，又像是田裡的田雞整晚叫個不停，吵死人了。

轉個念，你們要把師父的話當做是叫人起床的公雞啼聲，是在提醒你們該醒來了，而不是夜裡叫個不停的田雞叫聲：『喱喱喱～～——』

如果沒有師父給你們的訓練和叮嚀，你們哪裡會知道什麼是平凡的心，如何會知道什麼是心中的平靜呢？又如何能夠聽見公雞叫人起床的心情呢？

如果你總是心情煩，就算是公雞在叫，你也聽不見，只有心無雜念，才會聽得見公雞的叫聲。

好好體會這一句話，凡事都在一念之差，只要過了心裡的那一道坎，人生就沒有什麼過不了的關。」

融入師父的角色，為什麼同樣的話，師父要一說再說呢？他的用心是什麼呢？是爲了讓我們難過而已嗎？還是爲了像公雞一樣，叫醒沉睡中的我們呢？

在我們的心裡，師父與我之間，是在演著什麼樣的一齣戲呢？

是達摩祖師點醒那個於心不安的慧可呢？還是老師嘮叨那個一直在做自己事情的學生呢？

選擇的劇本不同了，心境就不同了，轉換心中的劇本，選擇角色、融入角色，人生的轉變就從此處開始。

# 自然心

師父問：「你們來到這裡和師父見面的心情，是快樂？是擔心？還是有期待呢？」

有人回答：「是快樂，又有期待。」

師父說：「你們的心如果總是期待快樂，以後就會很痛苦，來到這裡不要有快樂，也不要有期待，來到這裡，就要自然，你如果心裡有快樂、有期待，你就會有分別：『啊，我現在是快樂的，但是想到明天星期一又要上班了，又是痛苦的來臨。』，像這樣分別著什麼是快樂的時刻、什麼又是痛苦的時刻，這也是在折磨自己，所以啊，面對生活不需要抱著期待，只需要保持自然的心，不管遇到什麼事情都是自然，那麼來到這裡自然就會快樂。

你們的心能夠自然之後，你們的心才會有新的成就、新的觀念、新的開始，那就會是完全不一樣的感覺。」

說到修行，人們往往想到的是靜坐或是唸經等等的功課，彷彿只有做功課的時候，才需要靜下心來，但是說到禪修，其實並沒有時機的分別、沒有事情的分別，無論此刻是在工作、吃飯，那都是禪修的好時機，就算是洗個手、甚至是如廁的時候，都是練習覺察心中每一個念頭的好時機，覺察自己是不是在期盼什麼、企求什麼、情緒什麼、失望什麼，覺察自己爲什麼會有那些念頭的出現，然後可以讓心自然。

工作的時候，就「應該」要壓抑自己，做什麼事情都戰戰兢兢的嗎？星期一就一定是藍色的嗎？當我們認眞付出心力之後，別人就一定要給我們肯定嗎？萬一沒有得到肯定，又要如何面對自己的心情呢？

上班忙碌了一天之後，回到家就「應該」要有一個放鬆的環境嗎？那麼接下來，要如何面對孩子的吵吵鬧鬧，或是另一半的碎碎唸呢？

這些「應該」，就是我們自己設下的限制和框框，每當別人違反了限制、每當自己做不到這個限制，我們就會感受到痛苦，於是折磨自己，卻又不知道如何才好，逃不出自己的框框。

這些「應該」，就是心無法自然的原因，在我們心裡，有時會浮現一句對白：「這個人不應該這麼說話。」、「這個人不應該做這種事情」、「他怎麼可以搶走我的功勞？」，無法接受眼前的事實，看什麼都不順眼，做什麼都不順心，那也是我們不快樂的原因，不快樂，其實不是別人給的，而是我們自己選的。

## 故事：富翁的馬與酒

師父說：「師父要你們去悟一個字，『蟬』，這個『蟬』字要怎麼參悟呢？

講到蟬，牠要在土裡蟄伏好幾年，才會出土羽化，出土之後，牠爲什麼要叫得那麼大聲呢？爲了求偶嗎？

那是因爲牠只有七天的生命，所以要把握時間。

就像是一個人剛剛升官的時候，那種風光的感受，只在一線之間，都是短暫的感受。

那爲什麼蟬要在土底潛伏這麼久呢？爲的就是磨鍊、成熟，就像是一個故事說的……

有一個富翁，有一天全家人一起出遊，在路上遇見了濟公師父，富翁很熱情的邀請濟公師父，一同搭乘他的馬車，說到這輛馬車，拉車的兩匹馬是富翁特地花了很多銀兩買的千里馬，富翁很得意的向師父講，這兩匹千里馬有多麼的優秀，當初又是花了多少錢買來的。

濟公師父搭上了馬車後，馬車果然用很快的速度奔馳著，這時，濟公師父對富翁說：

『今天，你會把你最心愛的一項東西送給別人。』，富翁聽到師父這句話，想到自己車上有一罈好酒，正準備要敬獻給濟公師父。

這其實是對富翁的一項考驗，濟公師父也沒有多說什麼，只是靜靜的觀察。

馬車繼續的快速奔跑著，忽然，馬車車輪撞上路上的一顆大石頭，馬車竟然翻了過去，這個時候，你們覺得富翁會先救那一罈好酒，還是先救師父呢？」

在場的門生你一言我一語的討論了起來，師父說：

「這時，濟公師父已經自己跳到一邊去了，富翁先去搶救那一罈酒。

明明這罈酒是要獻給濟公師父的，富翁明明比較重視濟公師父，爲什麼在這個時候，他反而先救酒呢？

這就是人性，總是先擔心自己心愛的東西，才會考慮自己身邊的人，卻忘了最初的動機。

爲什麼會這樣呢？，你們要思考一下這個問題。

這就是禪。」

自然心，講的是隨緣接受、隨緣放下，越是緊急的關頭，越是修行的時機，因爲那時越容易受到習性的左右，最容易忘記最初的動機。

我們的心是如何捨不得？要如何捨得？什麼是禪？

## 千里馬與酒

師父繼續講故事：「馬車翻覆了，兩匹千里馬變成脫了韁的野馬，牠們當然是要逃跑的，因爲過去被人綁在馬車上拉車，一定是痛苦的，此時不逃，更待何時呢？

既然牠是一匹千里馬，當然不可能被人乖乖馴服的，牠不想要被綁住，更不想被人鞭打，如果換作是你，你會不會逃走呢？當然會。

這件事如果用來比喻公司的話，這件事就是比喻人才的叛逃，或者說是『跳槽』，他原本被合約綁住，卻因爲公司發生一些狀況而決定離開公司。

兩匹千里馬逃走了，富翁急著要找回這兩匹馬，這時富翁的家丁駕著另一輛馬車跟著來了，因爲這輛馬車是用一般的馬，牠們跑得比較慢，所以家丁接應富翁一行人上車，趕緊去追趕那兩匹千里馬。

至於那兩匹千里馬，牠們一直跑啊跑啊，跑到一個村莊附近的樹林中，這裡有十幾個村民正在打獵，他們看到這兩匹馬非常高興，他們說：『哎呀，好久沒有吃到馬肉了，這下子我們有馬肉可以吃了。』，於是這群人拿出了網子、繩索，把這兩匹千里馬給抓了起來。

就在他們準備要宰殺千里馬的時候，富翁和濟公師父一行人也來到了這裡。

在這個緊張的時刻，富翁會做出什麼反應呢？你們想想看。

富翁所以能成爲富翁，一定有他與別人不同的思想，就像是公司的老闆，所以能成爲老闆，當然是因爲他有什麼與衆不同的過人之處。

而且濟公師父前面點醒過他：『你今天會把自己最心愛的東西送給別人。』，你說說看，富翁會怎麼處理。」，師父指定一位門生回答。

這位門生，在某間公司擔任相當高階的主管，他說：『富翁會把千里馬送給這些村民。』

師父說：「富翁的家丁試著跟村民溝通，要用錢把兩匹千里馬買回來，但是村民們強硬的拒絕了，他們只想要吃馬肉，對錢不感興趣，村民說：『這兩匹馬是我們打獵得來的獵物，所以馬屬於我們的，要殺要留都是由我們決定！』，態度相當的強硬。

眼看大勢已去，這富翁索性說：『我聽別人說啊，如果要吃馬肉大餐，一定要配上好酒，如果少了好酒，這馬肉吃起來就會少了風味，既然你們堅持要吃了這兩匹馬，那好吧，我這裡有一罈好酒就送給你們吧。』，村民們感到有些意外，卻又相當的高興。

富翁對濟公師父說：『師父啊，您今天說我會把我最心愛的東西送給別人，這兩匹千里馬已經失去了，不再屬於我了，此刻我最心愛的東西就是這罈好酒了，我也把它送給村民們配馬肉了。』」

故事聽到這裡，那位門生訝異的說：「啊？富翁居然連這罈酒也要送人嗎？」

師父笑了笑說：「這個故事對於你在公司的工作大有關係，你可要好好的體會啊，你們想一想，爲什麼這個富翁連好酒都一起送給村民了呢？

首先，村民的人數比較多，想要把馬搶回來是辦不到的事，再來，這些村民認定了馬是他們的，富翁也明白這是當地的文化，獵得的獵物歸獵人所有，不可能再讓給別人，所以無論再怎麼講，這馬都要不回來了。

濟公師父雖然一開始就說，富翁會把心愛的東西送出去，讓人想不到的是，最後富翁竟然連心愛的好酒也一起送了出去。

富翁對濟公師父說：『師父啊，我們回去吧。』

濟公師父說：『你今天做了這個決定，日後必有福報，從今天開始，你就要開運了。』，這件事情暫時告了一個段落。」

自然心，是隨緣接受、是隨緣放下。

富翁做了兩件事。

一個是接受自己失去了千里馬，這是富翁的選擇，是他的隨緣接受。

一個是送出自己最愛的一罈酒，這是富翁的選擇，是他的隨緣放下。

這就是不同於一般人的思維，這就是自然心。

## 有捨有得

師父說：「爲什麼濟公師父說富翁要轉運了呢？時間很快過了三個月，這段時間中，富翁又買了幾匹千里馬，也重買了幾罈好酒，想著下次遇到濟公師父時，要再請師父喝好酒。

這時，富翁有一天帶著銀兩和幾個家丁出門，準備要去採買開墾用的糧食，當他們走到一個荒郊野外的地方，竟然遇到一批山賊，大概有二十幾個人，家丁一看到山賊就一哄而散，只剩下富翁一人。

山賊頭目這時說：『錢留下，命也要留下來！』

富翁一聽，他哀號著說：『濟公師父啊，你說我要開運了，但是現在只剩下我一人，就要被山賊殺死了，我的人生還沒有開始享受啊。』

就在山賊準備動手的時候，他們聽見四周圍出現了震天價響的衝殺呼喊，轉頭一看，他們竟然被四五十個村民給團團包圍，人數相差太多，這批山賊只好乖乖束手就縛。

這群村民之中，有十幾個人，正是當初喝了富翁好酒的人，他們記得富翁當初送他們好酒的情分，這就是今日相救的緣分啊。

在這之後，富翁順利的買到糧食，並且招募村民們協助他開墾荒地，荒地開墾之後的生意也因此源源不絕，生意越做越大了，所以富翁的運勢是不是打開了呢？這就是師父今天要說的故事。你聽完這故事，應該有所體會吧。」，師父再次問了那位門生。

門生雙手合十，誠心的說：「我明白了，謝謝師父。」

師父點頭說：「蟬，要怎麼轉悟爲禪呢？

師父說的禪，是禪讓的禪，是禮賢、禮讓的感受，如果你不能懂得故事裡富翁送酒的感受，你就會像蟬的幼蟲一樣，永遠躲在土中，也無法鑽出泥土，更不可能變成蟬。

所以你要把蟬的叫聲、把牠的氣力轉變爲禪，就是『禪讓』的禪，如果你能夠擁有這樣的心態，你的運就會打開了，就從今天開始打開了，你去想想，這個富翁在生死關頭有多麼痛苦。」

門生點頭說：「眞的很痛苦，要放掉自己最在意的事物，而且是一切都要放掉，我的老闆昨天要我把職位讓給新人，我本來還以爲可以留下一些什麼，但是聽了故事之後，我懂了，我要把手上最後的一點資源都一併交出去，師父說的禪，就是要學會『讓』，禪讓的讓。

我以爲富翁把千里馬捨給村民就已經足夠了，卻沒有想到，還要連同酒也一併給出去，才能讓村民有感受，感謝師父，我眞的明白了。」

師父哈哈一笑，說：「你們可能以爲蟬的參悟，是在牠的叫聲和牠那七天的生命，卻沒有注意到牠的過程，蟬的幼蟲在土裡至少要經過兩年，如果牠不夠堅強，可能永遠也出不了土，出了土之後，還要慢慢爬上樹，然後脫殼，脫殼就像是人的蛻變，一個人如果不蛻變，一直保留牠以前在土裡的思想，牠就不可能學會飛，所以，師父要講的禪，是禮讓，你要經過時間的調息，你才能明白禮讓的禪意。」

既然已經註定要失去了，何不乾脆多給一分成人之美的心，多一點付出，還能順勢得幾分人心，那麼這分付出就會更有價值。

把『失去』轉變爲『付出』，這是兩種完全不同的境界，前者是無可奈何，後者是自己選擇，是完全不同的福德。

從蟬的參悟，到富翁的禮讓，師父的靈感布局，點出了門生切身的問題和答案，這就是師父教導的方法，雖然今天我們把酒送給了別人，但是總有一天，我們還會找回另一罈更好的酒。

# 故事：屋外的雞與青蛙

在生活中，總有一些無法改變的事情，這時的心情，是要逃避它？還是改變它呢？

師父說：「有一個人，他過著開心的生活，因爲每天都有一隻雞會在清晨叫他起床，在晚上的時候，又聽得到田裡的青蛙『嘓嘓……』的叫聲，他享受著這樣規律的生活，每天都聽著雞叫聲起床，又能聽著青蛙的叫聲入睡。

有一天，他爲了工作發展要搬去外地，就把這房子給賣了，結果，下一任屋主聽到夜裡青蛙的叫聲，他覺得青蛙的叫聲很煩人、又吵得要命，所以他在夜裡睡不好，到了早上，又被雞叫聲一大早就吵醒了，讓他睡也睡不飽，他感到非常的生氣，同樣的一間房子，兩任屋主卻是兩種不同的思想與心境，這要怎麼辦呢？

這個人有一天起床後，決定把雞給殺了，然後又買了農藥，到田裡下藥，把青蛙也都毒死了，這下子，他覺得自己的人生開心了，因爲吵雜的聲音都沒有了，夜裡終於可以好好的睡上一覺。

但是，你們想一想，青蛙在夜裡會叫，雞看到天亮時會啼，那都是自然的，這個人爲什麼不能接受呢？就爲了自己的不高興，而殺了雞和青蛙，這樣的人喪失了良知，日後還能有成長嗎？

到後來，這個人早上總是睡過頭，到了夜裡，家裡因爲太過於安靜，一丁點聲響都聽得一清二楚，讓他感到害怕，他的心裡總是不安，因爲他怕鬼嘛，哈哈。

同一間房子，卻是兩種心情，所以，學習濟公道的人，就要學習第一個人的心情，自然嘛，自然的聲音，當然就要接受，自然的來、自然的去，聽到外面青蛙的聲音，除非有能力離開，不然就要學著接受，對於雞，要感恩牠早上叫我們起床，不能因爲自己晚睡，就怪雞太早叫，自己就要調整作息，日出而作，日落而息，自己的心情要懂得改變。

如果比喻一個家庭，孩子就像是田裡的青蛙，另一半就像是那隻雞，所以，你們眞的會用農藥去毒害青蛙嗎？哎喲～～，毋湯啊。

師父說的故事，都有它的涵義在其中，這是爲了點出了你們的個性感受。

所以你們今天要學什麼呢？就是要學以致用。

如果你們能夠把師父教導你們的道理，用在家庭、用在先生、老婆身上、用在孩子身上，能夠把家裡的問題好好的處理， 能夠做到讓別人學習模仿，別人才會明白師父教導的好在哪裡，才能顯出師父的神威啊，到那時，你們才會眞正明白自己學了什麼。」

青蛙的叫聲、公雞的啼聲，都是自然的，爲什麼會變成『吵人的青蛙叫』、『煩人的公雞啼』呢？就是因爲人們先有了一個看事情不順眼的心。

道德經裡有句話說：「孔德之容，唯道是從。」，意思是說，人的一切德行，都要以道爲本，都要依循著道的方向。

面對生活，就記得自己學過的道理，去調整自己一言一行，要改變自己的『不順眼』，那麼就能做出了我們的德行，改變了自己，也會改變別人。

行道，正是傳道的最好方法，因爲身教永遠比言教更容易深入人心。

## 空心自然

師父說：「所以你們要學什麼呢？爲什麼師父要教你們從家中做起呢？因爲家庭做好了，在公司的感受就會完全不一樣，做了你就會明白，在家裡習慣了青蛙和雞啼的聲音，自然嘛，去到公司也會是一樣的自然。

因爲人都是自然來、自然去的，所以你對待下屬就沒有感情牽絆，下屬就像是前面故事裡的千里馬，有機會他就會離開，所以做人需要感情用事嗎？有感情，就會受到傷害。

在公司，如果你對這個人放感情，有一天當他不再聽你的話，他就會成爲你最大的禍患，就像是一把鋒利的刀，最容易傷到自己，因爲人心的變化是很快的，所以要用空心自然去面對，空心就是你與人應對最大的空間，就好像竹子因爲空心，所以它的空間造就了它的用處。

心是空的，沒有了塞滿的感情作怪，就有了空間，就能夠接受一切的結果，不會被別人傷害，學習用空心發展你們的思想，把空出來的心當做一個空間，你們才會有更多的時間做該做的事情，告訴師父，自然到底好不好呢？」，不被情感糾纏，自然會有更多的時間，但是聽人一句惡言，就能夠自然的帶過嗎？就能夠空了委屈的心情嗎？

有門生回答：『自然是很好，但是很難達到那個境界，畢竟習性難改。』

師父說：「在你們學習這麼多的道理之後，如果聽到別人說你們一句不好的話，你們一樣還是會生氣，雖然告訴自己不要聽，終究還是聽了進去，你們一樣對別人更加討厭，也不會用慈悲心對待他。

如果別人偷偷告訴你，說某人講了你的壞話，而事實上某人是被誣賴的，最後你們還是選擇相信了這件事，在商場上也往往是如此，有的人爲了做生意，什麼話都說得出來。

所以做爲一個主事者，你要學會聽什麼？聽，你要能夠消化，如果聽不得別人的一句話，如果自己無法消化的時候，那就要靜心去做你們的禪修，許多人的耳朵輕，聽人轉述了別人一句話就失控抓狂，事實上別人眞的有說嗎？你有親耳聽到嗎？不知道呀。

許多人就是這樣失去了原本的善緣，爲什麼你們常覺得遇不到貴人？那是因爲你們的心礙，無論做什麼事情，心裡都有著罣礙，於是對人帶著攻擊性，所以要『空』啊，空出你的心，一切順其自然，空了心，就是自然心，就是不一樣的心。

所以不要做一般凡夫的思想，要做一個『突凡之心』，要突破環境的限制，突破你的平凡，如果想要跟別人不一樣，你的思想當然要與別人不同，要有所分別。

心想要不同，就要懂得分別，

心若想要相同，就要與人同心，

無論選擇空心或是同心，都是一樣的自然心，

於是你的空心有了空間，能夠體會人生的眞諦，眞諦就是一個人的實力。

什麼是實力？想做老闆的人，就要提早做出老闆的氣勢，就要建立自己是老闆的身分與思想，開始用老闆的心態去承擔，如果做不到，他就永遠都是下屬的氣勢，永遠都是做人下屬的思想， 他永遠不能明白老闆在想什麼。

所以不要怕難，你們要提早做出自然心的格局和感受，要建立自然心的感受與思維，你們才能體會人生的眞諦是什麼，才會明白什麼是實力。」

空心自然，爲什麼與做老闆有關呢？答案就在這段話裡：

「心想要不同，就要懂得分別，

心若想要相同，就要與人同心，

無論選擇空心或是同心，都是一樣的自然心。」

如果想要不同於平凡人的心，先要分別平凡的人心，人心本來就容易感染情緒，太陽曬了就喊熱，風吹雨打就喊冷，別人誇我們就高興，別人罵我們就生氣，這是凡人

的心，若是想要有個不凡的人心，就把不感染情緒的空心當做自然，讓心有了空間，可以與人同心。

如果想要別人的心與我們相同，不是執著要改變別人的心，而要先順別人的心，先試著與人同心，不染情緒，懂了對方的心思，慢慢尋找共好的興趣、動機，一步步讓雙方同心。

無論是自己的空心，無論是與人同心的過程，都是一樣的自然、順緣，不會沾染什麼對立的情緒。

如果我們能夠改變別人對立的態度，那就是不平凡的實力，那也是做爲老闆需要的氣勢和格局，如果每一個對立的人們，終於都能與我們同心，人生還有什麼值得擔心？

定風波裡說：『回首向來蕭瑟處，歸去，也無風雨也無晴』，蘇軾歷經受人誣陷、嚴刑拷問的苦難之後，這才寫出了無晴也無雨的境界。

回頭望向方才遭遇風雨的地方，歸去的心情已是沒有風雨，也沒有天晴，走過了風雨天晴，人生就是自然而空心。

## 【靜觀聽聞】

幾年前的我，還沒有跟隨師父學習之前，每次看到大女兒就覺得生氣，因爲過去發生了許多的衝突，所以每次一看到她，我的心裡就會想著：『她是不是又要玩手機，又不想寫功課了？』，總是想要盯著她。

有一晚，我知道她隔天就要月考了，結果她竟然坐在書桌前玩著手機裡的遊戲，『可被我逮到了吧』，我心裡這麼想，於是把她大罵了一頓，沒想到，她哭了起來，原來她才剛剛唸完書，現在只是在休息。

因爲心裡先『有』了一個不順眼心，一個有心，讓自己什麼也看不清，所以處處與人對立。

如果學會空心，看到拿手機的她，我也不會有任何的情緒，我會關心她的考試準備好了沒有，有沒有需要我教她的地方，如同現在的我這般。

## 故事：和尚吃肉

人說緣分有分善緣與惡緣，然而，是善是惡，卻無法只用我們自己想像的常理判斷，這一刻看似錯誤的事情，也許明天就會改變，什麼是對？什麼是錯？什麼是好？什麼是壞？其實都是自己的一念之間的想像而已。

### 吃素的和尚

師父說：「以前有一個和尚，他在一間廟裡修行，但是這廟裡沒有信徒來祭拜奉獻，和尚每天都是有一餐沒一餐的過著日子，但是他還是堅持這麼修行的日子。

有一天，濟公師父找了一位員外化緣，讓員外送了和尚兩隻羊，但是啊，你們說說看，和尚會把羊殺來吃嗎？當然不可能啊。

哎呀，這個濟公師父眞是糟糕，明明知道和尚是吃素的，還送他羊，都已經三餐不繼了，好歹送和尚一些米或菜也好啊。

這和尚收到兩隻羊之後，想想自己也沒什麼東西可以餵羊，就牽著去外面吃草，就在他放羊的時候，被一個做小偷的人看到了，他看到了和尚的羊，心想：『這和尚又不吃羊肉，不如我找機會把羊偷來，吃一頓大餐好了。』

於是這個人每天觀察和尚是如何放羊，想要找機會下手，有一天，和尚在放羊吃草的時候，躺在一旁睡著了，這個時候，小偷看到機會來了，正想要順手牽羊的時候，忽然有個聲音喊道：『且慢！』

原來這是一個惡鬼現身，這惡鬼因爲和尚虔心修行吃齋唸佛，貪圖和尚的修爲，所以長期跟在和尚身邊，他還故意趕走信者，打算把和尚餓死之後，可以將和尚清修的身體佔爲已有，成就自己的修爲。

惡鬼就跟這小偷說：「既然我們都有各自的目的，那你先等我占據和尚的身體，你再偷走他的羊吧。」

這小偷當然不肯，他說：「哪能這麼說呢？你應該讓我先把羊牽走，到時你想要做什麼都隨你啊。」，兩人就這麼起了衝突。

你們想想，這個衝突是怎麼發生的呢？如果濟公師父沒有送這兩隻羊，會發生衝突嗎？會引出這隻惡鬼嗎？

所以一切都是濟公師父引起的，如果濟公師父沒有送這兩隻羊，和尚的身體早晚會被惡鬼占據。

就在這兩人爭吵的時候，和尚醒了過來，你們覺得這和尚會做何反應呢？他是會大喊捉賊呢？還是順便把羊賣給這個人？或者是乾脆把羊送給這個人呢？你們想一想啊。」

門生們，有人說要喊捉賊，還有人說要賣羊，而且是買一送一，在一陣笑聲之後，師父揭曉答案：「這和尚原本就是生性慈悲，自然看待一切，他當然不會覺得這個人是來偷羊的，況且和尚不吃羊肉，放羊反而是件麻煩的事，爲了減少麻煩，所以他會選擇把羊送給這個人，這就是和尚的動機。

當和尚說要把羊送給這個人的時候，這個小偷的心裡是既慚愧又感動，本來想要偷羊的，卻沒想到，自己與和尚非親非故的，和尚卻直接把羊送給了他。

小偷因此動了惻隱之心，他手指著惡鬼說：『惡鬼！你不可以殺這個和尚！』，但是和尚看不到惡鬼，就算這個人費盡力氣解釋，和尚也不相信有惡鬼在身邊。

和尚說：『阿彌陀佛，就算有惡鬼，我也相信它不會害我，佛祖會保佑我的。』

和尚的動機是自然的，他心裡沒有情緒害怕，這時雖然小偷有心要救和尚，雖然是有惡鬼在身邊，和尚還是要靠自己才能夠自救，眼看著和尚不相信自己，小偷只好牽著羊回家去了。」

## 惻隱之心

師父說：「三天後，這個人遇到了濟公師父，濟公師父看著他的兩隻羊，師父問他：『哎喲，這羊是和尚送你的哦。』

這個人回答：『濟公師父啊，你眞是靈驗啊，我老實跟師父說吧，我本來是想要偷這兩隻羊的，沒想到和尚就這麼把羊送給了我，但是我看到和尚身邊有個惡鬼，我卻救不了他，師父您這麼靈驗，請師父救救和尚吧。』

濟公師父勉爲其難的說：『好吧，師父救他，但是你要拿這兩隻羊來跟師父交換。』

這個人本想要討價還價，想要留下一隻羊，但是濟公師父不答應，堅持要兩隻羊，這個人於是說：『既然是爲了要救一條人命，好吧，只要師父願意救和尚，我這兩隻羊都送給師父。』

說到這，你們想想看，這個小偷到最後什麼都沒有了，但是他得到了什麼？他得到惻隱之心、得到他的啟動、得到了自己的感動，還有一顆想要救人的心。」

什麼是善緣？善緣來自於善念的種子，和尚一個自然的念頭，把羊送給了小偷，同時，也送給了他一顆惻隱之心、救人的心。

我們的一念之間，可以影響別人的善與惡，如果和尚醒來把小偷當賊看待，小偷還是個小偷。

小偷的一念之善，學會了救人爲別人設想的心。

這些轉變，都來自於濟公師父的兩隻羊，這就是濟公師父的牽緣。

## 和尚的破戒

師父說：「因為小偷的善心，濟公師父又牽著兩隻羊，去到了和尚的廟裡，和尚一看到濟公師父，他驚訝的說：『哎呀，師父啊，這不是我前幾天好不容易送給別人的羊嗎？師父怎麼又把牠們牽回來了？』

濟公師父假裝不知情的說：『啊？這兩隻羊是你的？我以為你還在挨餓，所以想要再送你兩隻羊呀，你看看，之前師父送了你兩隻羊，今天又送你兩隻，師父是不是對你很好啊？』

和尚無奈的說：『師父啊，我這廟裡平時沒有信者來奉獻，就算有人來燒香拜拜，也說他們沒錢可以捐獻，我要怎麼辦啊？』

濟公師父說：『很簡單，你要走出這一扇廟門。』

和尚說：『師父啊，我也算是一個得道的高僧，要我走出去化緣，這怎麼可以呢？雖然我只是一個和尚，但是，我的學識淵博，也算是一個博士級的人物，要我去向人托缽？向人乞討？為什麼不是別人來供養我呢？』

濟公師父只是淡淡的說：『你如果有心要為眾生修福，那麼你就要走出去。』，話一說完，竟然直接轉身就走了。

你們看濟公師父是不是都沒有感情啊？都不幫人解決問題，反而在製造問題，是不是呢？和尚這時也不知如何是好，想說問題怎麼一個又一個？好吧，那就照師父說的做吧。

於是，和尚把兩隻羊放生了之後，就直接出門化緣去了。

和尚沿途敲了幾戶人家的門，都被人們很兇的拒絕了，走了好遠好遠的路之後，終於來到一戶人家，這戶人家見和尚來化緣，就對和尚說：『不好意思，家裡沒有齋菜，只有幾隻雞腳，師父可以吃嗎？』

『當然不行啊，我是出家人啊』，和尚難過的離開了，不斷的化緣，卻是不斷的碰壁，到最後和尚感覺到非常的心灰意冷，他倒在路邊，就快要失去意識了。

惡鬼這時在一旁冷笑著：『好啊，我等著你，再過一會兒，你這和尚的命就是我的了。』

就在這個時候，一位姑娘剛好經過，她驚慌的扶起和尚說：『這位師父你怎麼了。』，和尚已奄奄一息說不出話了。

姑娘看到和尚餓成這個樣子，趕緊跑去買了一個飯團，裡面包了肉鬆、鮪魚，直接餵和尚吃，和尚吃了幾口，因爲太久沒有吃到白飯，和尚覺得這飯團眞是人間美味，哎呀，裡面的鮪魚也特別的好吃，和尚還沒完全清醒，也沒心思注意自己到底吃的是什麼，吃了一陣子之後，總算恢復了體力，站了起來。

這時和尚仔細一看，才發現飯團裡包了肉和魚，這時不禁對天喊道：『佛祖啊，我破戒了啊，一切都是因爲濟公師父叫我去化緣，如果我沒有出來化緣，最多就是餓死，也不會破戒啊，至我還能留下一個清名啊，佛祖啊～～。』

和尚於是邊哭邊走了回去，眼見自己一生的清修持戒，就因爲一顆飯團而化爲烏有，他對自己人生原來的看法都崩潰了，他不知道破戒之後，自己該要怎麼辦才好。

時間一個月過去了，在這一個月裡，和尚荒廢了原來的功課，他對人生的想法都改變了，更奇怪的是，惡鬼竟然不見了。

原來啊，因爲和尚的破戒，惡鬼見他不再墨守成規，又荒廢了功課，惡鬼對於和尚的修爲不再感到興趣，自然就消失了。」

和尚寧可餓死自己、從此不能爲別人造福，也不願意破戒，那麼守戒的動機究竟是什麼呢？

## 和尚的開悟

師父說：「這一天，濟公師父來了，師父問和尚：『你的羊呢？』

『羊喔，沒有了。』

師父又問：『有沒有唸經啊？』

『沒有，我破戒了。』

師父問：『有沒有修持自己啊？』

『沒有，我破戒了。』

師父再問：『有沒有靜坐啊？』

『沒有，我破戒了。』

見和尚失魂落魄的樣子，濟公師父說：『正是因為你的破戒，因為你吃了那一口肉，你才能活到現在，你得要感謝那一塊肉，讓你可以留下一條命。

如果你懂得感恩，你就會明白，你這並不是破戒，因為這一塊肉，你才得以生存，這是上天要讓你學會感恩，所以你要回報這一分感恩，所以要把自己的身體照顧好，開始修持自己，而且把這塊肉的恩情還回去。

你既然是用你的口吃下這一塊肉，那你就要用你的口去推行佛法，這樣你明白了嗎？』

聽到這裡，和尚這才忽然開了悟。

於是和尚開始每天出門托缽，逢人就說佛法，遇到人們就為他們開示，和尚原本就是一個學識淵博的人，人們因為聽了和尚的講道，而有了體會，和尚挨家挨戶的說經講道，他的生命又重新活了過來。

你們想想，和尚原本守在廟裡，滿肚子的佛學思想，卻都派不上用場，現在卻因為一塊肉而開悟，雖然他的口破了戒，但是他用口去講出佛法，這就是功過相抵，日後因為他的宣揚佛法，他的廟會不會興盛起來呢？

當然會，因為人們都已經知道佛法的好處了，都知道要來找和尚說經講道，他的廟當然會越來越興旺。

這個故事是要告訴你們，一個要成道、要成就的人，任何事都不可能十全十美，為了求生存，總是會遇到困難。

老天不會處罰你，但是老天會折磨你，這個折磨其實不是別人，而是你們自己折磨自己，用自己的墨守成規折磨自己，最重要的，是你們自己的心態，你有沒有善用自己的長處，你有沒有找到發揮長處的地方，

你是不是執著在舊觀念之中，你是不是總是墨守成規，爲了生活，你如果不懂得變通，如果不吃下那一塊肉，你就要失去生命了，這樣的人生意義又在哪裡呢？

記得，不要折磨自己，要走出關住自己的那一扇門。」

開悟的契機，往往都在我們最不願意接受的地方，那些不能違背的規則、不可以打破的原則，那些必須遵守的規矩，都是我們給自己立下的限制與框框。

是自己的一生清名重要？還是爲別人創造價值更好呢？人生除了規矩之外，其實還有其他更重要的事情，如果暫時的放下規則，能夠給人一個方便，能夠讓事情更圓滿，何樂不爲呢？

心的自由，都在自己的一念之間，放下，就是覺悟的開始。

## 實在與老實

這一天，廟裡門生們一同聚餐，餐後不久，師父降駕與門生同樂。

師父說：「哎呀，你們在這裡吃飯，怎麼都沒有人來

邀請師父啊，雖然師父是神不能吃飯，但是這是你們和師父之間心心相印的福德，你們有開口邀請師父，有對自己注重的人表達關懷，自然一切福德就是你們自己的。

因爲啊，無論任何事情，都要靠自己啟動。

啟動的意思就是，自己如果想要表達出注重別人的禮節、想要表達自己的行善和感受，都是藉由自己的『口』表達出來的。

對於自己尊重的人，像是師父、像是你們的老闆、主管，就要在這種不經意的小地方，表達出你們注重他們的心意，這是你們要特別注意的地方，所以你們都沒有想到要邀請師父一起吃飯，是嗎？」

門生小小聲的回答：「有啦。」

師父哈哈一笑的說：「哎呀，眞是會說話，在這種時候，就算自己沒有想到，也要說『有！』，明白嗎？

這就是彌補，既然已經錯了的事情，就不要再讓它繼續錯下去，所以，你們有沒有想到請師父一起吃飯啊？」

大家異口同聲的說：「有！！！」

師父說：「這樣就對了嘛，處理事情就是要輕輕帶過，做人千萬不要老實而不知變通，學習濟公道的人，雖然不老實，但是，我們很實在。

所以應對進退，就要知道說話的方法，當老闆已經把他的期待說出來，就不要再傻傻照著自己的意思老實回答，你們必須明白自己的角色，說話就要符合每一個角色的期待。

如果你們回答有邀請師父，但是師父卻故意說沒有聽見，好像要故意戳破你們的話，你們又要怎麼應對呢？」

有門生回答：「我們下次會講大聲一點。」

師父說：「聽聽師父怎麼說：『師父啊，您沒有聽見嗎？可能是我和師父最近比較沒有心心相印，但是我真的有請師父來和我們一起吃飯。』

這樣的回答，有老實嗎？沒有，但是有沒有實在呢？這樣就是實在的回答，把我們彌補的心意，全部都表現在裡面了。

別人要的，並不一定是一個老實的答案，別人想要的，其實是我們與他同心的心意，是看到我們願意爲了他，而改變了本來的堅持。

就像是女朋友問你：『是我漂亮，還是別人漂亮啊？』，在這個時候，老實人就要小心了。

師父說：「以前有個人跟濟公師父抱怨，爲什麼自己都不會發財，濟公師父告訴他說：『想要發財嗎？那你就去打一個女人的屁股，那麼你就會發財了。』

就因爲濟公師父說會發財，他就眞的要打女人的屁股嗎？

這就是一個實在與不實在的問題，這個人究竟知不知道自己的角色，他能不能明白自己的條件、能力，如果是打自己老婆或女兒的屁股，當然沒有問題，但是他如果去打外人的屁股，那就會惹下更大的麻煩。

這就是一個無知的意識問題，也可以反應出一個人是實在，或者不實在，這也反應出一個人的思想，是不是會隨意的批評別人。」

人生就是戲。在舞台上哪裡有老實的演員呢？在舞台上，也沒有錯認角色的演員，什麼能做、什麼不能做，要實在的認清自己的身分與角色。

# 故事：求子夫人

## 狐狸的建議

師父說：「一個人的心是實在，或者不實在，就反應在他的思想上，反應在他是會隨便的批評別人，反應在於他是否能夠明白自己的角色。

有一個故事，一位夫人她生了兩個女兒，所以一直想要有個兒子，這一天她走在路上，遇到一隻狐狸，這隻狐狸告訴她說：『如果妳想要生兒子，那麼，妳就要把兩個女兒獻給上天，就是血祭，就要殺死妳的兩個女兒。』

你們覺得這位夫人會不會相信呢？覺得會的人舉手。」

有些門生舉起了手，也有門生表示不會。

師父說：「這個夫人因為想要兒子，雖然心裡半信半疑，她還是會相信狐狸的話，於是有一天，這夫人就帶著兩個女兒上山，準備要去祭天。

這位夫人是不是很無知呢？你們會不會也像這位夫人一樣的無知呢？

人們當然都說不會，但是爲什麼有的人還是會聽信別人的話，被詐騙集團給騙了呢？因爲他們往往不知道自己當局者迷的感覺，所以都說不會，但是有時一個不注意，就會陷入自己的貪念之中。

正是因爲你們的慾望，想要得到的慾望太強烈，這位夫人想要兒子，也是因爲她想要追求自己在家中的地位，所以才會傻得把女兒帶去祭天，就在這個時候，頭上有一個佛字的人來了，這位是誰啊？正是濟公禪師，他出現了啊！

濟公師父一出現，就若有所指的說：『哎呀呀，人家都說虎毒不食子，怎麼會有人這麼狠心，想要把女兒祭天換一個兒子回來呢？』

這位夫人聽到這話，心裡不覺一震，稍稍恢復了理智，濟公師父說：『妳想要兒子不難，但是也不需要傷害自己的孩子，就算傷害了孩子，是不是就眞的能換回一個兒子，也仍然是未知之數啊。

聽濟公師父一句話吧，妳往南方去，去到一個涼亭，裡面有一個人在賣濟公茶，妳就去問那個人，有什麼方法可以求子。』」

對於自己無能爲力的事情，我們是什麼樣的心情？是要強求，還是要甘願接受？強烈的慾望會蒙蔽人的理性，讓人當局者迷，我們需要認識自己的慾望在哪裡，只要回歸實在的生活方法，那就是一種平平淡淡的人生智慧。

## 愚昧與智慧

「夫人恢復了理智，畢竟母子連心，對女兒還是有點感情，終於聽了濟公師父的話，把女兒帶了回家，自己一人往南方去，果然找到了一個涼亭，裡面的確有一個人在賣茶，夫人就問了：『老闆啊，有位濟公師父要我來找你買茶，說喝了你的茶之後，就可以生兒子，這是眞的還是假的？』，夫人的心裡還是半信半疑。

老闆這時要老實，還是不老實的回答呢？當然不能老實，想要賺錢就要趁這個時候，不然怎麼賺得到錢，老闆說：『當然是眞的，我的茶喝了之後，包妳生兒子，但是我的茶很貴哦，這是開智慧的茶，一杯茶要五百兩銀子。』

喝茶得智慧？爲什麼老闆會這麼說呢？原來在前一晚，濟公師父告訴老闆說「師父要幫你賺一筆大錢，明天如果有人來問你買茶，你就要告訴他，你賣的是智慧的茶，等他買了之後，你就送給他兩個字，叫做『愚昧』，價値五百兩。」

這位夫人會不會買呢？當然會，夫人拿出了五百兩銀子，老闆好高興，過去從來沒有賺過這麼多錢，濟公師父眞是太靈感了。

老闆說：「這杯茶賣給妳，裡面的智慧就是兩個字，叫做『愚昧』！」

夫人整個人都愣住了，她恍然大悟，原來愚昧與智慧同在，她的心思完全清醒了過來，她愣愣的走了回家，緊緊抱著兩個女兒，她說：『我今天花了五百兩銀子，花得好値得，因爲我重新得回兩個女兒，這五百兩銀子讓我得到了『愚昧』二字的智慧，讓我明白了，我竟然爲了求兒子，想要把女兒祭天的愚昧。』

愚昧二字，讓這位夫人開了悟，就在這個時候，頭上有個佛字的，濟公禪師出現啦！濟公師父說：『上天有好生之德，所以濟公自來，如果沒有濟公，妳就要失去兩個女兒了，而且妳還一樣得不到兒子。

妳今天花五百兩買了『愚昧』二字，往後妳就會知道如何看見、如何面對自己的『愚昧』，將來就會知道要如何去做，一年之後，妳自然就會得到兒子。』

這位夫人因爲『愚昧』兩個字而開悟，一年之後，她眞的得到了一個兒子，爲什麼呢？因爲她終於明白，不管是什麼事情，都有智慧和愚昧兩種角度的看法，她學會在心裡不斷琢磨著，不斷的提醒自己，不要再犯下愚昧的錯誤。

在這裡，濟公師父扮演什麼角色呢？濟公師父爲這夫人帶來了什麼樣的奇遇呢？這就是你們要思考的。」

貪嗔痴的慾望和想要，是一個人愚昧的開始，愚昧與智慧同在，只要看到了貪嗔痴在哪裡，就知道愚昧在哪裡，一念轉變，智慧就會生起。

師父說：「說完話，濟公師父就走了，他要去哪裡呢？要去找賣茶的老闆化緣啊，讓他憑空賺了五百兩，怎麼可能不跟他化緣呢？天下可沒有白吃的午餐啊。」

## 濟公師父的化緣

師父說：「當賣茶老闆看到濟公師父上門來，他會有什麼反應呢？一是閃躲，二是眞心的款待濟公師父，三是假裝不認識，你們覺得是哪一個呢？

要知道，這個老闆過去從來沒有賺過這麼大的一筆錢，這是一個人心態的問題，你們要去想一想，好不容易賺了這麼大一筆錢，怎麼可能捨得拿出來分別人，老闆當然會閃躲，看到師父來了，他就假裝忙碌，也不理會濟公師父。

濟公師父就喊了：『老闆啊，五百兩是不是賺得很容易啊？』

老闆被喊得有點不好意思的回答：『是不困難啦，師父要不要喝茶啊？我請您喝杯茶。』

濟公師父說：『既然你賺了這五百兩，師父想要跟你化個緣。』

老闆裝傻的說：『化緣？什麼是化緣？我不知道啊。』

濟公師父只是笑了笑說：『師父跟你化緣，要的並不多，師父只要你面前的這一桶茶。』

老闆鬆了一口氣，他說：『只要這一桶茶喔，那容易，茶再煮就有了，師父啊，我就連同這桶子一起送給你吧。』

因爲濟公師父賣智慧茶給一位夫人的故事傳了出去，鄉民們一傳十、十傳百，都知道濟公師父在賣智慧茶，一杯五百兩。

濟公師父就帶著這桶茶，邊走邊賣茶，也因爲濟公禪師的名聲已經遠近知名了，大家都搶著來買茶，但是當民衆拿五百兩來時，濟公師父卻是說：『不用啦，大家隨緣就好啊。』，這就是自然奉獻的感受啊。

濟公師父的茶賣完了，他交代一個人把茶桶送回給茶行的老闆，並且告訴老闆說：『濟公師父說啊，你要用四百兩把這個茶桶買回去，這樣以後你還可以再賺五百兩哦。』，老闆會不會買呢？當然會啊，因爲老闆已經開始相信濟公師父。

用這樣的變巧方法，濟公師父還是拿到了老闆的四百兩，他就用這筆錢去濟世、去布施幫助更多有需要的人，同時也在幫夫人、老闆做功德啊。

到最後，這老闆會再賺五百兩嗎？不知道，故事就到這裡而已，沒有結果。

你們想一想，老闆如果繼續想要依靠濟公師父的幫助，再賺回五百兩，這是實在的想法嗎？濟公師父本來可以直接跟夫人化緣五百兩，又何必多此一舉，讓老闆賺那五百兩呢？

靠神保佑的想法，到底是實在呢？還是老實呢？這個故事就留給你們去思考，好好的想一想。」

## 智慧與愚昧

師父說：「這個故事在告訴你們，濟公師父的引導，只有一次的機會，但是之後的造化，就靠你們智慧的判斷了。

所謂智慧和愚昧的判斷，都是你們自己造成的，一切需要自己判斷，如果執著在愚昧之中，如果看不見愚昧，你就無法了解事情，容易被別人牽著鼻子走，你如果能有智慧，就能明白如何判斷。」

做選擇或許容易，但是面對結果容易嗎？那也許是人生最不容易的一門功課，如果你是故事裡的老闆，如果你沒有賺回那五百兩，你會是怎麼樣的想法呢？是要怪自己愚昧，還是要怪濟公師父說的話不靈驗呢？

或許，我們都需要一杯智慧茶，放下自己的愚昧。

## 『分別』的智慧

師父在前面的故事裡，講到那位夫人買了一杯智慧茶而有了開悟，接下來，師父也賣起智慧來了，師父拍了拍手邊的功德箱，問大家說：「來喔來喔，誰要買智慧，要買什麼智慧啊。」

一位師姐放錢進打賞箱，對師父說：「我想要買賺錢的智慧。」

師父笑說：「要如何得到賺錢的智慧呢？只要你懂得分別：『什麼叫做老闆，什麼叫做員工，什麼叫做產品，什麼叫做利潤。』

說到利潤和朋友，並不是說朋友就一定有共同的利益，做生意並不是只有考慮做朋友，並不是只要每天打個招呼、顧好交情就可以了。

要懂得分別，分別自己當下是什麼角色。」

師姐聽懂了，她說：「我明白了，老闆就要做好老闆的角色，員工就應該是員工的角色，和別人談生意的時候，就要分別清楚當時的角色。

每個產品該有幾分利潤，就是老闆要有的分別，與朋友的感受無關，在公司、生意裡，沒有朋友的角色，不要因爲交情，而不敢考慮利潤的事情。」

師父點了點頭說：「所以，這個愚昧的夫人，最後爲什麼能夠得到兒子呢？因爲他懂得什麼叫做『分別』，他們看到了事情的原委，終於知道什麼事情能做，什麼事情不能做，她明白什麼樣的感受重要，明白什麼樣的感受必須放下。

當一個人開始明白『分別』，當他開悟以後，不管做什麼事情，他都能用智慧去應對，這就是『分別』的智慧，不管做什麼事情，都知道分別，不會因爲一念之仁，不會因爲一時的感受、情緒、欲望而變得愚昧。

就像有的人因爲師父的點醒，覺得面子掛不住，讓他心裡有了情緒，因此變得不喜歡與師父說話，這就是因爲情緒感受，而失去了『分別』。

在這故事裡面，濟公師父要說的方向在哪裡？濟公師父賣茶，只是一個障眼法，這位夫人，也是一個障眼法，最重要的是，故事裡面有沒有實在呢？有沒有老實呢？

我們不老實，但是我們很實在。

如果每一件事情只能老老實實的處理，你們就會發現事情很難處理，比方說在公司裡，總會有些人是你討厭的，是你不喜歡的，難道都要老老實實的把自己的喜好情緒表現出來嗎？

所以啊，你們要實實在在的做人、做事，至於對人有沒有老實，隨意就好啦。

一個人做事情實在或不實在，爲什麼重要呢？就像師父常說的『交陪』一樣，一定要說好話，就像你遇到一個人，這個人不管長相再怎麼不好看，體型再怎麼胖，你能不能找得到一句讚美他的話呢？當然可以。

每個人都是喜歡聽好話的，只要你說得出一句好話，那就是一句實在的應對了，就像是師父說過的『巴結』，爲了建立人脈，如果這個人是一個重要的人，如果想要建立交陪，當然要學會『巴結』，在這個時候，只有拿出實實在在的態度，才能做得到。

故事裡，講的都是實在與不實在的道理，還有人要買智慧嗎？」

什麼是愚昧？愚昧就是不懂得分別，分別了『巴結』的動機與時機，分別了自己的角色、動機，就能學會如何降伏自己的情緒和欲望，然後能夠實在做事，實在的應對，那就是智慧了。

老實，就是只想講『我』想講的話，講我心中的情緒。

實在，就是注重別人的動機，講別人需要聽見的話語，先把我的情緒放在一邊。

### 【貼心小鈴噹】老婆和媽媽先救誰？

這是一個經典的問題。

師父問：『如果你的老婆和媽媽掉進河裡，要先救誰？』

這是一個左右為難的問題，對嗎？不要做個老實人，要學會實在的說話方法。

師父說：『不用為難，你們要分別問題的當下，只要是誰在身旁，就講那個人要聽的答案就對了。

如果老婆在旁邊，就先救老婆，如果媽媽在身旁，就先救媽媽，要是剛好兩個人都在現場，那就注重長輩，先救媽媽，但是回家後要跟老婆解釋，那個回答是為了注重老人家的感受，她一定能夠體諒。

要學會實在的說話。』

這只是一個假設的問題，每一個回答都與欺騙無關，只是求一個圓滿，不要為了誠實感受，而固執的愚昧了自己，要學會分別的智慧。

## 譬喻：有洞的碗，細水長流

師父說：「一個有能力的人，就要想辦法創造好的局勢，千萬不要坐以待斃，不要每天墨守成規，而是要接受新的環境、接受新的智慧、接受身邊的人說的每一句話，這就是賺錢的智慧，還有誰要買智慧啊？」

一位師兄說：「我想要問工作平順的智慧。」

師父說：「想要工作平順，先回答師父的問題，有三個碗盤，一個是完整的，一個破了一個洞，另一個破了四個洞，其中哪一個裝水比較有用呢？」

師兄回答：「應該是完整的那一個。」

師父說：「未必喔，完整的這個碗，一下就裝滿了，它就不能再裝其他的水。

而那個不完整的碗，裝了又漏，裝了又漏，所以你得要一直跑一直跑，不斷努力的跑去裝水、漏水，雖然碗裡留下來的水量不多，但是這就是細水長流。

所以，如果你想要工作平順，就要像這有洞的碗一樣，細水長流，人是沒有完美的，一個人如果完美，他的碗裡也就只有那些固定分量的水。

但是我們追求的是細水長流，所以我們接受自己的碗裡有洞，這水要漏就任它漏吧，沒有關係。」

完美的一個碗，表示這個人不需要裝水，他經手的水量也不會再增加。

有洞的這個碗，卻能促使這個人不斷的運動、努力，雖然停在碗中的水不多，但是經手的水卻是更多，漏出去的水，也同時灌溉了身邊的花草。

師父說：「好比一個碗，它只有一百西西的水量。

完整的碗，就只有一百西西，但這個破了洞的碗，卻可以不斷的裝下幾千西西的水，因爲它有漏，所以它接受的水比完整的碗來得更多。

所以，人不用要求自己完美，也不用要求別人完美，要能夠包容別人的缺點，凡事要細水長流，人沒有完美。

就像是一個能力強的人，需要和能力不足的人計較嗎？要明白自己的角色是什麼，一個有成就的人、做主管的人，他的能力或程度本來就比別人強，這時更要有度量去包容下屬的不足，如果要強求下屬的表現和自己一樣，只會招來下屬的反抗，只會造成不必要的衝突，因爲下屬還不明白主管的想法。

凡事不需要太多計較，要記得，細水長流的智慧，不計較有漏的智慧。」

爲什麼人說少年得志大不幸呢？那是因爲太早得到成就，這個人就會停止了努力的動機，他反而失去接受其他磨鍊的機會。

生活中的不足、能力上的不足、人際關係的不完美，都代表著人生努力成長的契機，也是我們學習的動力，更是我們能夠取得成就的地方，表示我們還有著成長的空間。

要接受自己的「有漏」，因爲相信自己，因爲學無止盡。

要包容別人的「有漏」，因爲相信別人，因爲別人同樣的學無止盡。

佛家追求的是「無漏」的智慧，沒有過失、沒有煩惱的智慧，那是一種修行的成就，想要達到那樣的成就，就需要細水長流，不斷學習、不斷調整的修那些有漏的地方，這也是一種實實在在的修行心態和方法。

用樂心面對自己的有漏，每天都努力爲自己裝入更多學習的活水。

# 學習與模仿

傳言愛因斯坦曾說：「世上最愚蠢的事情，莫過於每天都做同樣的事情，卻期待有一天人生的結果會改變。」

所謂同樣的事情，就是我們的習性，像是孩子考試考不好的時候，像是我們的下屬沒把事情做好的時候，像是事情的結果不如人意的時候，在這個時候，如果我們總是同樣的發作情緒，只會怒罵、處罰，甚至是打了孩子，反而會失去了教導、協助他們成長的機會，或許也同時失去了別人對我們的敬重與信任，於是這人生就是不斷爭吵、傷心的結果。

如果總是重複這個模式，要如何期待人生改變呢？

人生的種種困難，爲什麼偏偏是我遇到？爲什麼我想不出解決的方法呢？在這樣的時候，不要坐以待斃，不需要束手無策，要用學習與模仿更新自己。

## 做起的學習模仿

師父問一位年輕的門生：「你今天坐了這麼遠的車程來到廟裡看到師父，有沒有開心呢？你知不知道來到廟裡的奉獻、付出要怎麼做呢？」

門生說：「開心啊，奉獻就是自己決定如何有錢出錢、有力出力。」

師父問：「那麼你要付出什麼呢？」

門生說：「付出我的快樂心。」

師父滿臉笑意的說：「這樣子啊，所以做事要明白自己的目的在哪裡，千萬不要像有的人聽了師父的話，回去又不改變，你看站在你旁邊的這一位，她是不是都不願意改變啊？」，師父故意指了指他的表姐，大家笑了起來。

門生說：「有啊，她有改變。」

師父又問：「有改變？這話意思是說她以前不好嗎？哈哈，別緊張，師父是要讓你練習如何與人對話，要學習講話的柔軟度，學習怎麼恰當的應對。

在這種時候，你就要明白動機，這個人和我是不是熟識，他和我是什麼關係，我知不知道他的個性，應該要如何說話，你說她有改變，她改變了什麼？」

門生笑說：「有啊，她每天都笑嘻嘻的。」

師父說：「所以，師父問你的問題，是要讓你明白和別人說話的心態，你現在知道怎麼和別人說話了。

要知道『說話』不是兒戲，不要隨便講，說話要有動機，要有分別，要知道自己的角色，這就是師父要告訴你的事，要經得起別人說，能夠把別人的話聽進去，你才會有所成就，和別人說話，就是要思考過別人和自己的角色之後，你才能夠『模仿』。

『模仿』，並不是說說而已，而是實際要去『做』的時候，才會知道要模仿什麼，又要如何模仿，像是模仿別人說話的口氣、模仿別人講話的笑容和熱情。

『學習』，一樣是要做了之後，才會知道自己究竟不會些什麼，又該要學習什麼。

我們常常在講的學習模仿，不能只是口頭講講而已，那是沒有用的，想要模仿，先要知道自己做了之後，有了什麼感覺，發現自己有不會的地方，就去好好的學習，這一點一定要明白。

所以，要如何把工作做好？就要學習模仿師父的說話和重點，那就是日後你們應用在工作上的說話重點，只有這麼去做，你們的工作才會有改變。」

聽師父的教導只是第一步，眞正的模仿學習是從生活之中的實做開始的，好像我們看別人騎腳踏車，「就是踏板一直踩就好了嘛，還不簡單？」，眞的去踩過一次，才會知道，我們看得到別人在踩腳踏板，卻看不到別人的平衡感，原來眞的去踩了之後，才會明白自己還少了什麼。

開始啟動與別人應對說話，開始練習怎麼對談，開口了，才會知道自己也許少了幽默感、少了輕鬆感，才會看見自己的不足。

師父的教導，只是一個起點，只有眞正去做了，開始練習實在說話，才會開始轉動第一個改變的齒輪，接著轉動人生的其他改變，每一天做一點不一樣的事情，才會漸漸有了一個不同的結果。

# 故事：金項鏈在哪裡？

在道德經中有句話說：「善行無轍跡，善數不用籌策」

用現代的解釋方式，這兩句話就是講，善於行動的人，出門不一定只依賴車子，善於計算數字的人，也不一定只會依賴計算機，就好像從台北去到高雄，不一定只能開車，還有很多選擇，要計算數字，也有許多的工具可以使用，除了計算機，還有電腦、算盤，或是心算等等。

所以不要被習慣限制了自己的想法，要能夠接受新的看法，遇上問題的時候，就試著轉換一下看事情的角度，頭腦才會更加的靈活。

師父說：「有一天濟公師父拿了一條金項鏈，掛在河邊的一棵樹上，濟公師父等著要看一對父子的故事啊。

過了幾天，有一個農夫的兒子，他平時非常的認眞工作，這一天，他來到河邊一看，『哇，河裡有一條金項鏈閃閃發光啊。』，那其實是金項鏈在河裡的倒影。

如果是你們看到河裡有一條金項鏈，你們會不會很高興，會不會跳下去撿啊？當然會啊，這兒子馬上跳進河裡，把河水弄得一團混濁，當然怎麼找也找不到那條金項鏈，他覺得很奇怪，回到岸上後，過了一會兒，河水恢復了清澈。

『奇怪，金項鏈明明就在那裡啊。』，兒子又跳下去找，當然還是找不到金項鏈。

這時，農夫來了，他問兒子在河裡做什麼，兒子就把金項鏈一下看見、一下看不見的事情說了一遍。

農夫只是笑了笑，也沒說什麼，他等河水清澈之後，他才說：『兒子啊，你看到河裡的金項鏈了嗎？現在你轉個彎，轉過頭看一看吧。』

兒子聽了回頭一看，『咦』的一聲，這才看到掛在樹上的金項鏈。

人啊，這心裡的念頭只要懂得轉一個彎，就能看到自己的角色、看到自己的感受，看到了眞正事物的樣貌，他所看到的世界就完全不一樣了。

農夫的看法是不是很犀利呢？畢竟薑是老的辣啊，如果用故事套用在你們身上，你們會是那個農夫，還是那個兒子呢？

這個故事的用意，就是希望你們日後想法懂得轉彎，試者體會別人曾經說過的話，曾經有過的感受，不管是老闆或是父親的話，無論是老婆或是先生的話，都要轉換爲一句好話，都要用一個善意的方向去解讀，那麼，以後你們教導自己的下屬或孩子，就會更加順利，你們對人的感受，都會在你們教導別人的過程當中感受到。

想想看，故事裡的兒子是不是很可愛呢？明明找不到，卻又不斷的跳進河裡，也沒有想到要問問父親的看法，但是，還是那句話，薑是老的辣啊，要轉變一下對人的看法。

好好參悟吧，明白了故事的道理，你對於別人、對於家庭的觀念就會改變，對於家人的想法都會改變，眼睛所看的不一定都是眞的，要懂得如何看得清楚，去吧。」

我們看見的，往往是個「倒影」、「幻影」，只要懂得轉一個彎，就會看見眞實的黃金在哪裡。

別人此刻的不成熟、不懂做事，都是暫時的，所以我們要懂得轉個念，只要我們願意伸出援手，拉他們一把，就能夠幫助他們創造出更多價值。

這就是我們需要學習的地方，別人兇惡的態度，也可能是個倒影，轉個彎，就會看見他們想讓我們更好的用心，而不會再去抱怨。

我們太習慣了追逐眼前的倒影，試著放下那樣的習慣，試著轉換一個新的想法、新的觀點和角度，試著融入別人的角色，如果我是他，會是一個什麼樣的心情，轉個彎，我們看待這個世界的感受，就會有所不同。

## 故事：種花生的夫妻

聽別人說的道理，看別人寫的文章，可能會有一時的感動，但是眞的能夠爲生活帶來改變嗎？要怎麼樣才能夠眞的有所改變呢？

### 不開竅的人生

師父說：「有一天啊，濟公師父在路上走著走著，遇到一個男人，就對他說：『你這一輩子啊，絕對發不了大財。』

這個男人總是拼了命的工作，一大早就起床工作，做到了天黑還在做，做的是辛苦的苦力工作，這男人回家對老婆說：『那位靈驗的濟公師父，說我一輩子不會發財，我以後要怎麼養活妳啊？』

老婆聽了，自己走到門外大哭了起來，她在哭什麼呢？她哭著說：『濟公師父實在太靈驗了，我的丈夫就是一輩子不懂得變巧，做起事來總是不開竅，所以發不了大財，他幫老闆種了那麼多的花生，我教他不要全部交給老闆，偷藏一點自己拿去賣，他都不聽我的，他總是說老闆對他有恩，不願意變通，也賺不了錢。』

這樣的男人好不好呢？當然好，但就是沒有遇到一個好老闆，隔天老婆決定去找濟公師父，她終於找到了坐在大樹下喝酒的濟公師父。

『這位施主啊，我等你好久了。』，其實濟公師父每次都這麼說啦，這個叫做客套話。

老婆說明了來意，想要請濟公師父幫助她，讓她可以賺大錢，濟公師父說：『想要師父幫助妳發大財？那是不可能的，但是師父可以幫助妳樂心。』

『師父啊，你都已經說我丈夫一輩子發不了財，他也不懂得如何開竅，我又要如何樂心呢？』

濟公師父說：『的確沒錯，這件事你改變不了他，師父雖然說他發不了財，但是妳會發財啊。』

『怎麼可能呢？我要怎麼做？』

濟公師父說：『你回去買三條蛇來養，而且是眼鏡蛇哦。』

『這怎麼可能呢？我哪裡知道怎麼養毒蛇啊？』，老婆帶著滿腹的疑問回家去了，過了三個月，猶豫的老婆什麼也沒有做，所以事情會改變嗎？當然不會，就好像你們聽了師父的話，回去還是過一樣的日子，會改變嗎？當然不會改變啊。」

面對濟公師父丟出來的難題，這做老婆的，不知道如何是好，但是，如果不採取行動，這生活就不可能有改變啊。」

## 變巧的行動

師父說：「老婆心裡反覆的猶豫了三個月之後，不斷想著濟公師父的話，她想了想，終於決定跨出第一步，出門買了三隻眼鏡蛇回來。

蛇是買回來了，但是老婆越看蛇是越害怕，三隻蛇養到後來就死了，爲什麼？因爲她沒有養蛇的專業，她怕會被蛇咬到，所以不敢餵蛇，就把蛇給活活餓死了。

這時，你們最尊重的濟公師父又出現了，丈夫跑來向濟公師父抱怨：『師父啊，你爲什麼叫我老婆養蛇啊？要是被蛇咬到，可是會死人的啊。』

濟公師父笑笑說：『哎呀，這樣子吧，如果你們眞的想要發財，那你就拿一些花生去賣吧，那你的老婆就不需要養蛇了。』，這個做丈夫的會拿老闆的花生去賣嗎？當然不會，一個人的習性是不會轉變的。

三個月後，濟公師父再次出現，帶著夫妻兩人去到山上，濟公師父說：『你們看這裡有一匹馬和一隻羊，如果要這匹馬快跑，就要拿鞭子抽牠，但是如果是這隻羊，拿鞭子打牠也沒有用，因爲羊本來就跑不快，羊只適合養在圍欄裡，只有取了牠的羊毛或羊奶，才有牠的價值。

如果，你能夠像這匹馬被人鞭策的話，你自然就會發大財，你們只想知道要怎麼發財，卻不問師父方法，這樣當然不行。』

老婆聽了，才想到要問說：『師父啊，那我們要用什麼方法才能發財呢？師父不是說養蛇就可以發財嗎？』

濟公師父回答：『現在蛇肉的行情很好，價錢又高，養蛇當然可以發財，問題在於，你們要如何學會養蛇的方法，你如果學不會技術，當然會害怕，那又何必爲難自己呢？

所以要懂得變巧，師父之前要你們去賣花生，不是要你去偷賣老闆的花生，你可以轉換一下方法，這位太太，你回去租三甲地，讓你先生教你怎麼種花生吧。』

這麼一說，做先生的當然就願意做了，因爲不會違背自己的良心，問題是之前爲什麼想不到這個變通的作法呢？就因爲他還不懂得變巧。」

想到毒蛇很可怕，勉強買了蛇，卻不餵蛇吃飯，把蛇活活餓死，想到賣老闆的花生違背良心，所以卡在原地，什麼也不做，遇到了問題，就卡住了自己，就以爲已經沒有其他的路可以走了，這就是不懂得變巧，這也是被過往的經驗控制住了，跳不出過往的想法。

變巧的意思，就是當一條路走不通的時候，不要停在原處坐以待斃，要繼續嘗試各種可能，試著轉彎、尋找新的方法往目標前進，一定能夠找到轉機。

這兩人開竅了嗎？當然還沒有。

## 失敗與轉機

師父說：「這男人的本業就是種花生，這次幫老婆種花生，是用自己農閒的時間去幫忙，他做得很快樂，問題是那一年淹大水，把老闆的花生和自己種的花生都給淹了，當然也賺不到錢了。

這時，老婆抱怨說：『濟公師父啊，我聽你的話去種花生，結果我損失了一年的收成，師父害我賠錢，我沒有發財，反而要變乞丐了啊。』

師父問你們，如果你們是故事裡的這對夫妻，你們心裡會不會有怨嘆呢？

在這種處境下，心裡當然會有抱怨，但是學習濟公道的人，就要明白凡事不要用怨歎做事情，男人提醒老婆說：『我懂怎麼種花生，但是遇到水災也沒辦法啊，妳也別怨濟公師父，那是我們自己的運不好。』，一個人在怨歎的時候，如果能有人給他提醒一句話，他就有機會清醒。

他的老婆清醒了，她說：『好，我們明年再種一次。』

隔年，他們又辛辛苦苦的種了三甲地的花生，沒想到，這次遇到了旱災，一樣又是沒有賺到錢，這次因爲明白是自己要種的，所以沒有再抱怨濟公師父，濟公師父告訴他們，這就是他們的運還不夠，只好來年再繼續。

到了第三年，由於前兩年都沒有收成花生，這男人被老闆解雇了，他爲了繼續種花生，他決定把自己的房子、田產都拿去抵押借錢，拼著一無所有的決心，要再打拼一次，繼續種花生。

這一年雨水也足夠，也沒有淹大水，但是啊，他們還是沒有賺到錢，你們知道爲什麼嗎？因爲連續兩年的災害，土壤的養分都流失了，所以花生長不好，他們其實需要改良土壤的品質，這件事情也說明了，這男人種植花生的經驗與技術其實是不夠的，他沒有辦法做出這樣的判斷。

濟公師父又來了，夫妻倆當然心情不好，兩人都笑不出來，濟公師父說：『雖然你們不歡迎師父，但是種花生是你們自己的本業，做得不好也不能怨師父啊，這樣吧，你們再相信師父一次，別種花生了，回去養蛇吧。』

在故事一開始，濟公師父就說了，這男人是賺不到錢的，所以男人眞的無法靠花生賺到錢，後來也證明了這男人的技術不夠，所以濟公師父的話準不準呢？

男人嘆了一口氣，說：『唉，好吧，那我就學習養蛇吧。』

男人去研究養蛇的方法之後，他的老婆反而繼續研究花生，她想要弄清楚爲什麼老公的花生種不好，這時，兩個人一個學習養蛇，一個學習種花生，兩個人的角色互相交換了。

這一次，養蛇的生意大好，花生也有了大豐收，夫妻也眞的賺到了錢，這是因爲濟公師父的照顧嗎？」

門生們說：「不是，是因爲他們自己的努力和啟動。」

師父苦著一張臉說：「哎喲～～，你們也不要這麼不公平，他們沒賺錢也怪濟公師父，賺錢又沒有濟公師父的功勞，是誰要他們養蛇的？是濟公師父啊。」，在場的大家都笑了起來。

師父笑說：「這是他們自己開悟的結果，這男人心想，既然我種花生賺不了錢，那我就改去養蛇，那一年剛好人人都想要吃蛇進補，所以蛇肉大賣。

而老婆覺得奇怪，爲什麼老公明明會種花生，卻種不好，她根據之前的經驗，思考了天氣、土質的問題，所以她在花生田的旁邊打造了一條水道，可以疏通雨水，然後她又把花生田的土都翻新了一遍，所以改善了土質，這就是她的開悟，所以她能夠成功，這些改善的方法是她自己想的，都不是濟公師父告訴她的。

但是，如果沒有一位明師引導他們，他們怎麼能夠走到現在這一步呢？濟公師父不可能告訴他們如何做好自己的工作，那些詳細的改良方法，需要靠他們自己去嘗試、學習。

這一對夫妻爲了相信濟公師父，散盡了家產，所以相信濟公師父之後，你並不會因此有了成就，聽了濟公師父的話，這輩子也不一定會有什麼好事發生，但是，當一個人懂得自己做起、自己開悟之後，仔細的聽濟公師父引導我往哪個方向調整，靠自己思考、靠自己學習模仿，靠自己努力之後，轉換了自己的觀念，你們就能夠再造未來。

夫妻的成就是因爲濟公而來，夫妻的失敗也是因爲濟公而來，一切都是自己的感覺感受，這一切都要靠自己的啟動與行動。

如果沒有濟公師父的啟動，你們又要如何享受人生的貧困、如何享受人生的財富呢？一切都要自己作主。」

## 做自己

有時會聽到朋友說，他想要做自己，就算是被別人討厭了，他也要堅持自己的做法，但是，什麼是做自己呢？

師父說：「說到拜神，不管拜的是什麼神，有些事情是不會改變的，想要靠著拜神發大財，那是困難的，那是無法長久的。

凡事只有靠自己啟動，一定要做出一個完全不同的感受。

想要走出一條不一樣的路，當然簡單，但是當別人告訴你，這一條路是能走或是不能走的時候，當下你一定是無法確定的。」

師父站了起來，踏出了右腳，說：「你一定要先踏出一步，踏出這一步之後，無論如何，不管這一步是痛苦，或是受傷，你都必須自己去承受，你才會明白日後要如何繼續行走，才會明白怎麼調整下一步，就像故事裡的夫妻一樣。

你們有時間，要常常來聽師父說話，師父說的話，並不是要教你們做事的方法，也不是要指點你們如何行動，師父說的話，都要讓你們自己去啟動。

如果沒有啟動，一切都是假的。

一個人想要成功，成功所需要的能力與條件，必須靠他自己去追求。

成功需要的能力，是在他自己的失誤之中，是在他的失敗之中，不斷藉由學習與模仿得到的，所以先要學習怎麼做，要在做的過程中，模仿別人的作法，在做的感受之中，明白要如何再學習，必須不斷的彌補自己不足的地方。

千萬不要傻傻的做事，不要只知道做，卻不知道要學習與模仿，白白浪費了經驗，師父和你們說了這麼多，也是希望你們可以有一個不一樣的人生。

你們要相信師父嗎？不要相信，只要你們自己能夠啟動，每個人都能找到自己的感受，不一樣的感受。

人生在世，不要留下遺憾，什麼是遺憾？就是錯過了自己的動機，所以凡事一定要清楚自己的動機，處理事情就要敢做敢說，才不會留下遺憾，才不會懊悔當初為什麼不敢做。

希望你們凡事都能快快樂樂的面對，要為自己！只靠拜神不會成功，要靠自己才會成功。

人生，禪自備。

你們自己要有不一樣的看法，自己改變了，身邊的人們才會改變，你們的家人、朋友和部屬才會改變，想要發展事業、想要工作順利、想要有機會升遷，人際關係這門功課一定要修，有了好的人際關係，你們才會有能力推廣自己的理念。

就像是故事裡的夫妻，他們養蛇、種花生有沒有賺到錢呢？為什麼能夠賺到錢呢？因為他們兩人互換了工作，更重要的是，他們懂得去研究，他們懂得學習模仿。」

為什麼夫妻兩人互換工作之後，反而能夠有所成就呢？那是因為明白自己是外行人，沒有舊習慣的包袱，更能夠虛心的學習，那三年的失敗，眞正化作了實際的經驗，才能夠在經驗當中得到了方法。

所以要如何做自己？不是做一個形象而已，更不只是聽師父的話，更不是求神拜佛，而是要自己找到動機，在行動之中「做」出了自己的方法和道理，在學習模仿感受之中經驗痛苦、調整自己，成就了自己的能力與條件之後，我們離成功就不遠了。

# 角色、劇本、演戲

不管我們願意或不願意，人生啊，原本就是一場戲，差別可能只在於，我們演得好，或者演得不好。

什麼是演戲？當然不是虛情假意，有一句話詮釋得好：「演戲是想像力的延伸，要讓別人相信你就是戲裡的這個角色。」，演戲是爲了呈現自己的角色。

師父問信者說：「你想要成爲師父的門生嗎？」

信者肯定的點頭回答說：「要！」

師父聽了，舉起袖子好像在擦眼淚，還帶了一點哽咽的語氣說：「哎呀，你眞的願意嗎？師父感動到流眼淚啊～～～嗚嗚～～。」

旁人看得哈哈大笑，師父哭到一半，忽然抬起頭、口氣平靜的說：「假的，這個叫做演戲啊，一個人如果不懂得怎麼演戲，要如何有成就呢？無論什麼事情，都是演戲啊，嗚嗚嗚……」，說著說著又演了起來，又引起了一陣笑聲。

師父再次恢復原本的口氣說：「無論什麼事情，都是在演戲，你們明白了嗎？什麼叫做演戲？」

有門生回答：「就是假裝啊。」

師父搖搖頭說：「不是假裝，演戲不是假裝，演戲的內容叫做劇本，至於演戲就是扮演好你當下的角色。

比方說，你們爲什麼要當師父的門生呢？要先分別門生角色的動機在哪裡，那並不是說要跟隨師父就跟隨，你

們不要輕易的受到別人影響，要先知道自己的動機、角色與分別，

當門生不是為了追求師父給你們什麼保佑或是賜福，而是要追求你們心中想要的道理，想要的智慧，想要的力量，想要的看法，以及想要的分別，也就是為了要開悟。

所以跟隨師父學習，是要學習什麼呢？

就是要學習自己的智慧，學習開發自我的能力，像是處理事情的時候，要如何把事情簡單化，要如何看清事情的樣貌，如何讓自己變成千里眼，讓每一件事情都能夠明白自己的動機、客觀的看清事實。

明白了門生的角色、分別與動機，你們才會知道怎麼扮演門生的角色，如何面對師父的教導和點醒，明白了門生的動機之後，再聽聽看師父接下來的開示和教導吧。」

每個人都在扮演自己的角色，怕就怕沒有看清楚自己的角色是什麼，更怕劇本走偏了方向，原本是下司服從上司的倫理劇，如果演成了兩人比較武藝高低的武打劇，那就失去了角色意義。

為什麼要成為門生？也是為了學習如何演戲，學習如何圓滿我們這一輩子的緣分，在學習模仿之中，不斷開發自己的能力與智慧。

## 故事：老鷹、天鵝與雞

雖然知道要適時的轉換自己的角色、要融入角色，但

是心裡的情緒總會引導我們走偏了方向，讓我們不敢與主管應對或是交談，也減少了成功的機會。

師父說：「凡事要明白動機，既然是自己想做的事情，就不需要因爲別人說了什麼，而受到影響。

當別人對你說了一句氣話、一句難聽、批評的話，你如果把這句話放在心裡，永遠都這麼放著，未來的生活要如何繼續呢？要記得，人沒有十全十美的，就像師父講過那個有洞的碗，要接受自己與別人的不完美。」

碗雖然因爲有洞，會漏水，但是我們的努力能夠細水長流，所以不用擔心碗裡沒有水，接受了自己，才能保有自己繼續努力的快樂心，不要放棄自己。

師父說：「一個人如果在心態上，總是記著別人說過的話，總是擔心別人的看法，卻不能夠接受自己的不完美，這個人就會永遠無法得到成就。

在農場裡，有一隻快樂的天鵝，牠對老鷹說：『老鷹啊，你眞是好命，每次主人放你出去飛回來之後，都有肉可以吃。』

但是呢，農場裡還有一群雞，這群雞只要看到主人過來，就統統跑去躲起來，爲什麼呢？天鵝就問了：『雞啊，爲什麼你們看到主人就要躲起來呢？』

雞回答說：『天鵝啊，難道你沒有看過烤雞嗎？我們誰要是被主人抓到了，誰就要被做成烤雞，所以當然要躲起來啊。』，但是啊，難道主人每一次過來，都是爲了抓他們做烤雞嗎？一個人的觀念如果不同，面對環境的應對方法就會不同，帶來的結果也會完全不同。

就像這隻天鵝會害怕接近主人嗎？牠會擔心主人把牠抓去做烤鵝嗎？未必嘛，牠是天鵝欸，可能是觀賞用的啊，不是一般的鵝哦。

所以當你把自己看做是什麼樣的動物角色，你面對老闆的感受就會不同，所以，你們的想法就要不一樣。

後來天鵝就告訴這群雞說：『哎，你們不用想太多，主人如果過來，你們就認眞吃你們的飼料就是了。』，雞的命運，就是認清自己將來就是難逃一死，就像人一樣，難逃一死，所以何必怕死。

雖然明知難逃一死，在人生當中也有一個感恩的道理，這天鵝說：『有一天，如果主人要抓我去做烤鵝，我也會甘心奉獻。』

世上有幾個人能夠做到這樣的心態呢？師父到現在還不曾看過，願意捨身救人不容易啊。」

人們在公司的心態，往往就和故事中的動物相似，受重用的人像是老鷹，見到主人就是熱情，就是想著會有肉可以吃，害怕被罵的，就像雞一樣，怕被做成烤雞。

有趣的是，師父說的『烤雞』與『考績』同音，常被罵的人，當然會害怕考績被評的不好，所以看到老闆來就躲得遠遠的，這就是雞的心情啊。

還不如像天鵝這樣，明白感恩，感謝老闆給我們工作機會，積極配合老闆工作，心態轉變了，表現出來的態度言行就會完全不一樣。

人的將來，本來就是難逃一死，所以何必怕死，何必退縮了心情，不如轉換一個心態，轉變一個不一樣的人生。

## 見山只是山的人生

忙忙碌碌的生活之中，人們往往困在一些小事的感受裡，卻又見樹不見林。

師父說：「要注意用錢的觀念和感受。

既然應該要花的錢，那就不要計較幾十塊或是幾百塊的差價，好像今天在這一間店如果要花十塊錢買，但是在兩公里外有另一間店，他們賣八塊錢，那你們要買十塊的，還是買八塊的呢？為什麼？」

門生回答說：「買十塊的，因為省時間啊。」

師父點點頭說：「正確，如果時間很多，有空散散步，那麼去買八塊錢的沒關係，但是如果在你的生活忙碌的時候，那當然是要買十塊錢的，留一些錢給別人賺，雖然多花了兩塊錢，但是省下了寶貴的時間。

如果這樣的觀念能夠轉變，日後你們對於做事的觀念、果斷的觀念、決策的能力就會完全的不同，對於金錢，重要的不在於數字變多或變少，更重要的是，每一塊錢可以創造出多大的價值。

同樣的，在家庭生活中，在發展個人的興趣時，像是養魚養花等等的，可以試著找到兩全其美，兼顧家人與興趣的作法，試著改變觀念，有多少時間照顧花草，就花多少的時間，花草是枯是榮就是隨緣，順其自然就好，不需要太過於珍惜。

雖然師父說過，面對自己的缺失要細水長流，要包容自己，凡事不要追求十全十美，才能保有快樂的心，但是啊，師父對你們的點醒，就不能細水長流了。

就像師父說的故事中，那隻天鵝的心態，牠總是快樂與感恩，一個人的時間要怎麼運用呢？看看你的孩子，一天天在長大，你的伴侶也一天天的年紀大了，是不是覺得歲月不饒人呢？這樣的感受又是何必呢？

何不好好的珍惜時間，晚上找另一半一起出去看場電影、牽手吃個宵夜，讓兩人的感情更好呢？讓自己學會如何快樂、如何珍惜與感恩，這就是師父要給你們的思想。

有的人會說，我就是要堅持我的興趣，堅持我的觀念，不願改變的時候，那就要落入煩惱了，一個人不能每件事都堅持不願改變，『我就是要這麼做』，『我就是堅持要這麼感受』，『我對你的看法就是如此，我不會看錯的』。

這樣下去，夫妻兩人的感情怎麼會好呢？下屬與主管之間的關係又怎麼能夠改善呢？孩子和父母之間的信任又要如何建立呢？如果事事都堅持自己的看法，你們的人際關係會變好嗎？你與別人的感情能夠更親密嗎？」

門生們都搖著頭說不會。

師父笑了笑，說：「你們都知道不會，但是奇怪的是，人們卻還是常常會堅持自己的看法，不願意放下已見，所以不知道人生還有其他的看法和角度，所以不知道要珍惜。

不要總是讓自己的心裡糾結，既然決定了要去吃一頓龍蝦大餐，那就用快樂的心情享受，不需要再去想這是不是殺生的問題，不需要去想花了多少錢的問題，既然多花了兩塊錢買東西，那就好好享受多出來的時間，好好的善用時間在別人身上，讓自己有個快樂心，你們的家庭、工作就要靠你們自己去轉變。

凡事總是可以找到折衷的做法，一個人的思想也要在快樂的情緒中、在有興趣的事情上，才容易找到突發的創意，創造出不一樣的做法。」

眼前的煩惱也許讓人覺得困難重重，也許一點小事會讓我們心情糾結，在意金錢、在意面子、在意尊嚴，讓我們困住了自己的腳步，但是人生就是一個轉變登高的過程。

人生思想的層次就是從見山是山開始，然後見山不是山，最後見山只是山。

比方說，一開始看著存摺裡的存款數字，總會爲了存款數字的高低而擔心，但是慢慢的，看見了金錢可以創造的價值，可以讓家人開心、可以讓自己享受快樂，那數字就不只是數字了，繼續的轉變快樂的心情，漸漸的，存款的數字，也就只是一個數字而已，我們學會了如何發揮、如何享受金錢帶來的價值，不再會影響自己的心情，那就是更不一樣的境界。

人生就是不斷的登高，不斷轉換一個更不同的格局與高度，登高而能望遠，自然會有一個全然不同的心境。

## 故事：有飯衣服先吃？

在每件事的開始，總會有個動機或是初衷，爲什麼有的時候會忘了初衷呢？

師父問信者：「到現在爲止，你對師父的印象如何啊？」，幾位信者都說對師父的印象很好。

師父笑著說：「印象很好喔？爲了維持師父良好的印象，那你們可以回去了。」，衆人大笑了起來。

師父說：「要知道，感覺都是一時的，萬一等一下得罪了你們，印象就會變差了，那要怎麼辦啊？師父說的有沒有道理啊？你們覺得，一個人有可能一輩子都十全十美嗎？那是不可能的事情。」

### 什麼是動機

師父說：「古時候有一個人遇到了濟公師父，他就拉著濟公師父說：『師父啊，附近有間廟正在舉辦慶典，以師父的德高望重，一定可以得到大家的歡迎和供養，趕快趕快，讓我爲您帶路吧，我們去吃一頓大餐吧。』

聽說有大餐可以吃，濟公師父高高興興的跟著這人走了，結果來到廟門口，看守廟門的人竟然把濟公師父攔了下來，那人說：『如果要進廟門，一定要保持服儀的整齊，請師父要更換一下衣服。』

濟公師父因為很久沒有洗澡，全身都是濟公味，就是一股流汗的酸臭味，但是當下要去哪裡找新衣服給濟公師父更換呢？

這個時候，濟公師父的一位門生氣喘吁吁的跑了來，他說：『師父啊，我知道這間廟一定會要求您換新衣，所以幫師父帶了一套新的僧袍來，請師父換上吧。』

濟公師父只好換上了新衣，渾身有些不自在的進了廟裡，進廟之後，濟公師父就被迎上大位，因為聽說有這麼一位得道的佛法高僧到來，大家都誠心拿了食物來供養濟公師父。

濟公師父一看，大家端上來的都是素菜，他說：『哎呀，怎麼沒有雞肉啊？』，你們說說看，濟公師父真的會吃肉嗎？」

一位信者客氣的回答：「濟公師父這麼慈悲，應該是不會吃肉的。」

師父笑說：「哎呀，你都沒有看過濟公傳的故事，故事裡的濟公師父都是吃肉的，你認不認識故事裡的濟公啊？如果知道了故事，那就要融入劇情啊，如果不懂得融入劇情，你要如何與人應對做事呢？

這就是為什麼，你們的人生總有那麼一道門檻過不去。

你要明白現在講的故事內容，要融入劇情，你才會知道濟公師父吃不吃肉啊。」

人生最大的門檻，就是「我執」，以爲我所想的是對的，卻沒能夠看見別人的故事背景，也不明白自己在演哪一齣戲，看不清自己的角色，也不知道如何融入劇情，才會被被自己的情緒習性牽著走。

就像是在公司面對主管的時候，明明要演的是倫理的戲目，應該一切都以主管的意見爲意見，卻爲了堅持自己的意見，而與老闆唱起了反調。

爲什麼許多能力強的人會有「懷才不遇」的感受呢？就是因爲演錯了劇本，選錯了角色，人生就是戲，時時要注意。

## 有飯誰先吃？

跟隨信仰的動機是什麼？禮佛的動機是什麼呢？明白了動機，才不會走偏了方向。

師父說：「沒有雞肉，濟公師父也就算了，沒有再說什麼。

濟公師父這時用雙手撈起了衣袍下擺，把衆人供養的食物，全都裝在衣服裡，你們知道這是爲什麼嗎？

在場有的人不認識濟公師父，就說濟公師父不懂禮數，說濟公師父破壞了道場的規矩，有人向濟公師父說：『師父啊，這些食物都是相當珍貴的，這麼裝在衣服裡，不是把食物都弄髒了嗎？』

濟公師父說：『剛才我穿著破衣要進廟，這些人就不讓我進來，一定要我換了新衣服才能進來，表示他們是以衣服爲重，他們把衣服看得比人還重要，髒衣服就不能進來，一定要新衣服才能進到廟裡，既然衣服比師父還重要，那當然要先讓衣服吃飯啊。』

廟裡的一位高僧，聽到了濟公師父的話，聽明白了濟公師父的禪機，連忙過來向濟公師父賠不是，濟公師父只是笑著提醒高僧，要好好的教育廟裡的人們，於是，濟公師父又換回了原來的衣服，繼續雲遊四海去了。」

高僧聽懂的禪機，就是禮佛的動機，這動機不在於衣服，而在於心意。

### 禮佛的動機

師父說：「後來，濟公師父回到了自己的廟裡之後，濟公師父宣布說：『以後，乞丐不可以進我們的廟裡。』

你們看看，這又是怎麼回事呢？在這樣的規定之下，這一間廟會興旺嗎？師父問你們，如果你們是看顧廟的人，有了這個規定之後，如果有乞丐要進來，你們會怎麼應對呢？」

有位門生說，他會聽師父的話，不讓乞丐進來，師父裝做訝異的說：「你不讓乞丐進來喔？這樣傳出去廟的名聲還會好嗎？明天八大新聞的記者大概就會上門來問你，爲什麼不讓乞丐進來哦？」，聽到師父的話，大家笑了起來。

大部分的門生回答說，他們願意接受師父的處罰，仍然要讓乞丐進來。

師父問信者說：「你看看，師父下了命令，他們卻只聽自己的意見，爲了堅持自己的公正，而不願意執行命令，這就很像你們在公司常常遇到的狀況，這時你們要怎麼辦呢？你再想想看，在你過去曾經遇過的困境和經驗裡，你要怎麼處理才好呢？」

信者說：「我會讓乞丐進來，然後我會去向師父稟報，因爲這是要顧全我們廟裡的名聲，也讓乞丐有一個奉獻的機會。」

師父說：「說到奉獻，這裡有一個重點是你們沒有看到的，你們要思考濟公師父的動機是什麼。

既然要禮佛，保持整潔是基本的禮貌，故事裡的人是要求濟公師父換衣服，但是換做師父，師父會引導乞丐去一旁梳洗整理，教他如何禮佛，如何奉獻自己的清淨心，再讓他進廟裡。

這件事情與衣服無關，重要的是，他有沒有表現出禮佛的奉獻心，顧廟的人能不能教導他明白什麼叫做禮佛，禮佛的人就要有清淨的心、嚴肅的心，對自己也要有敬拜的心，然後這個人對神佛才會有奉獻的心。

如果不懂得這樣基本的道理，又要如何禮佛呢？如果來參拜的人不懂，你們做爲門生的人，就要教導他們，要把這樣的道理宣傳出去。

如果有一個人穿著短褲、拖鞋走到廟裡來，輕佻的對神佛說：『佛祖你好！』，這樣的人就不明白什麼是尊重自己，更別說是敬佛之心了，這樣的人不論在哪裡，都是無禮的人。

所以，故事的重點在哪裡呢？就是要讓你們明白，什麼是禮佛的動機，那麼，什麼是跟隨濟公師父的動機呢？

來到我們的廟裡的動機就是：

學習、模仿、奉獻、付出，

學習什麼呢？學習你們不懂的事情，

模仿什麼呢？模仿別人成功的地方，如果模仿不來，覺得做不好的時候，那就再去學習，來補足自己。

奉獻心是爲了什麼呢？用奉獻心來彌補模仿的不足，

用付出的心，來做爲學習的基礎。

人在世間，就要如心如道啊。」

明白了禮佛的動機，就不會在意濟公師父說的『乞丐』二字，那兩個字就如同衣服一般，只是人的表相，眞正要重視的，是一個人是否懂得要奉獻自己的清淨心、是否明白自己的動機，眞正維護廟的做法，是教導別人動機，而不是用規定拒人於門外。

跟隨濟公師父的動機，是爲了學習、模仿、奉獻與付出，重點不在於捐獻金額的數字多少，而在於自己是否明白動機，不是與別人比較，而是做出自己的動機。

來廟裡不是爲了追求是眞是假的神通，而是在學習模仿中領悟改變自己的道理。

學習模仿是爲了改變我們的內在條件，改變心態，改變快樂的內涵。

奉獻付出則是改變我們的外在條件，對工作、家庭、朋友、信仰奉獻付出，廣結善緣、累積福德，所以能夠彌補學習模仿的不足，一切只需要自己啟動。

**【貼心小鈴噹】**

師父說：「得與失，都只是在一線之間，不要注重結果，而要享受那個努力的過程，在享受過程之中，不管是好是壞，都要學著享受感受，要過一個笑笑的人生。」

結果，都是表相，只有過程，才有眞正的領悟與體會。

## 故事：少年的旅程

### 善心的結緣

我們明白什麼是奉獻，是不求回報的給，那麼，什麼是奉獻心呢？

師父說：「有一天，濟公師父在路上走著，才剛剛遇到一個少年，忽然就滑了一跤，倒在了地上，這少年有惻隱之心，他趕緊把濟公師父扶了起來，著急的問：『師父有沒有怎麼樣，怎麼會忽然摔倒啊。』

濟公師父說：『不知道啊，說摔倒就摔倒了，這位年輕人啊，師父的腰給閃到了，可以拜託你幫個忙，揹師父回廟裡好嗎？』

這個少年二話不說，就把師父背了起來，少年說：

『哎呀，師父您怎麼這麼輕啊，是不是很久沒有吃飯了啊？』

濟公師父有氣無力的說：『每天都有吃啊，只是都吃不飽而已。』

少年於是背著濟公師父，來到一間酒樓，少年說：『師父啊，今天看您想要吃什麼，都算我的！』

濟公師父於是很高興的點了菜：『好啊，我要五顆包子，牛肉、山豬肉各一斤，再來一隻燒雞。』

少年一聽，心想：『本來以爲濟公師父吃素的，不需要花太多錢，沒想到師父點了這麼多的肉啊。』，他還是照著濟公師父的意思點了菜。

濟公師父好開心，但是又對少年說：『喂，年輕人啊，師父今天吃素喲。』

少年一聽，趕忙對老闆喊道：『哎呀，老闆啊，師父今天吃素啊。』

濟公師父趕緊揮揮手說：『哎呀，別叫了別叫了，隨緣啦，做人就是要隨緣，反正不是師父點的菜，等等上什麼菜，師父就吃什麼菜啊，師父沒有破壞戒律喔，一切就是隨心的道、自然心道啊，哈哈～。』」

濟公師父這麼做，看似沒有章法，好像還破了葷戒，但是，故事才剛剛開始，到後面自然會明白師父的用意。

### 奉獻的心

師父說：「菜端上來之後，濟公師父就一直吃一直吃，沒兩三下就把幾盤肉都吃光了，只剩下五顆包子沒有動，濟公師父笑了笑說：『太久沒吃肉了，所以要先吃肉，這包子師父是吃不下了。

年輕人啊，你請師父吃飯，師父一定要讓你發大財。』，這少年心裡想說，濟公師父講的話都不知道是眞是假啊。

濟公師父又拉著少年說：『哎呀，既然吃飽了，前面有間茶店，他有上等的好茶，我們再去喝杯茶吧，師父帶路。』，少年摸了摸口袋，只剩下一文錢了，爲了請濟公師父吃這頓飯，已經把他這個月的生活費都用光了。

但是少年還是說：『好啊，師父我們走。』，去到茶店喝茶，剛好一壺茶要價一文錢，少年這下子眞的是身無分文了。

師父點了上好的烏龍茶，一杯接著一杯喝得很開心，少年也只能含淚喝著這杯茶，他心想：『這個月都沒有錢可以用了，接下來的日子要怎麼過啊？沒辦法，濟公師父是我敬重的人，那就這樣吧。』

你們能夠像這少年一樣的心情，來對待濟公師父嗎？如果換做是你們，你們的心情會是如何呢？你們要相信濟公師父，師父如果眞的靈感，怎麼可能讓你們餓肚子呢？總是會有解決問題的方法，你們能夠像這個少年的心情奉獻嗎？」

故事裡的少年是出於什麼樣的心情，才會願意不計一切的奉獻呢？在自己的能力不足的時候，是要選擇不奉獻，還是要本著初衷盡力而爲呢？要用什麼樣的想法去面對自己的心呢？

這個問題，如果用在家人身上，也許答案就會清晰了。

當我在忙著爲隔日的工作加班趕工時，在心裡百般著急的時候，如果這時女兒拿著功課來問我，我願不願意奉獻一點時間給她，爲她解答呢？

我願意。

當我爲了工作焦頭爛額，當我被老闆追趕著要完成工作時，我能不能奉獻三分鐘給自己，讓自己喘一口氣，想一想快樂的事情，讓自己的心不要緊繃著，而能夠從容的處理事情呢？

我願意。

什麼是奉獻心呢？或許就是對自己的一分相信，明白自己的動機，其實奉獻並不是爲了別人，而是爲了自己的一分信仰，其中包含了對家庭的關懷，對自己的照顧。

奉獻心，不只是金錢而已，我們可以給的，遠遠超過我們的想像，給時間、給觀念、給一分用心，給一個笑容，最後眞正能夠得到回饋的人，其實還是自己。

## 挖洞的因緣

今天生意賺了一筆錢，這筆錢就能一輩子守住嗎？什麼是得？什麼是失？什麼是成功？什麼又是失敗？其實都是一時的看法與角度而已。

師父繼續說：「茶足飯飽之後，濟公師父請少年背自己回廟裡，少年這時覺得背上的濟公師父，好像比來的時候要重了許多，爲什麼呢？

其實不是，不是濟公師父變重了，而是少年的心變得沉重，所以背什麼都會覺得重，剛才來的時候，少年的心情高興，因爲想著可以幫助濟公師父，所以特別有力氣，但是到後來，想到濟公師父給他帶來的拖累，讓他這個月的生活費都沒了，腳步才會越走越沉重。

濟公師父說：『年輕人啊，感謝你這麼隆重的招待師父，明天一早，你去林子裡那棵大樹下挖個洞，這個洞要挖兩天，至少要能夠容納十個大漢的空間哦。』

少年聽了濟公師父的話，第二天一早眞的帶著工具開始挖洞，連續挖了兩天之後，這洞挖得太深，深到自己都爬不出來，在這個時候，濟公師父出現了。

濟公師父說：『傻孩子啊，你挖洞也要記得留一條後路讓自己可以上來啊。』，於是丟下一條長長的繩子，讓少年可以爬上來，少年好不容易爬了上來，濟公師父交代少年，第三天再來看看會發生什麼事。

隔天一大早，少年趕緊跑來看，結果，少年驚喜的發現有一隻野豬掉進了這個洞裡面，問題是，這頭野豬在洞裡橫衝直撞的，要怎麼把牠抓上來呢？

『年輕人啊，你這麼早就來了啊。』，原來是濟公師父來了，走了很遠的路，濟公師父本想扶著一塊大石頭休息一下，沒想到，那塊大石頭輕輕一碰，就掉進了洞裡，把野豬當場給砸死了。

『哎喲喂呀，這個跟我無關喔，濟公師父是不殺生的，上天有好生之德，但是上天說要收一個人，隨時就會收去，師父只能隨緣啊』

少年好開心，趕緊把洞裡的山豬抓起來，準備帶去市場賣錢，誰知道走到半路，忽然來了五個人，惡狠狠的說：『喂，你手上這隻山豬是我們養的，誰准你抓我們的山豬啊，給我交出來。』，少年本來想要爭辯，但是對方人多勢衆，態度又這麼兇惡，爲了自保，只好把山豬交了出去。

希望落空的少年，只好去廟裡找濟公師父訴苦，『濟公師父啊，早上好不容易抓的山豬，卻被別人搶走了啊。』，濟公師父表現出很惋惜的樣子，卻說：『年輕人啊，師父有事要外出，我們的廟門要關了，你得要另外找地方過夜了。』

無奈的少年無處可去，只好回到自己挖的洞旁，爬上一棵大樹休息，到了半夜，遠方忽然傳來轟隆轟隆的馬蹄聲，原來是五匹馬狂奔而來，結果牠們一隻接著一隻掉進了大洞裡。

少年往洞裡一看，不只是五隻馬，還有五個人也被困在洞裡，應該是他們騎馬摔進去的，這五個人就一直不斷的呼救，『救命啊，如果你把我們救出去，這五匹馬都送給你啊。』，這時天色漸漸亮了，少年仔細一看，『咦！這不就是昨天搶我山豬的那五個惡霸嗎？原本以爲濟公師父說我會發大財的，這五個人害我的夢想成空，我要救他們嗎？萬一救了他們，他們又打我要怎麼辦？』，這五個人還是不斷的呼救，說會把身上的錢財都送給少年，只要少年可以救他們離開這個洞。

如果是你，你會怎麼選擇？是要救他們，還是不要救呢？覺得不要救的人舉手。」

有些人舉起了手。

師父搖搖頭說：「哎呀，上天要給你們賺錢的機會，你們居然不要嗎？明明是發財的機會卻不懂得掌握，這樣的人生意義在哪裡呢？

但是對方人多勢眾啊，救了人之後，要怎麼自保呢？濟公師父說過，想要發大財，就要有智慧，先前濟公師父救少年出洞的那一條繩子就被丟在一旁，少年看到繩子，就想到了一個好方法。

少年對這些人說：『如果要我救你們，那就一人給我一百兩，至於馬呢？那就算一匹五十兩就好啦，這樣加一加是七百五十兩，好啦，那就算你們八百兩就好。』，這少年也不知道怎麼學的算術，居然說算八百就好，他把繩子垂了下去，讓這五個人先把銀兩綁在繩子上，少年拿到銀兩之後，就把繩子一端綁在樹上，另一端繩子放下去給那五個人之後，就趕緊逃了。

這少年一邊逃，一邊高興的想著，濟公師父果然靈感，他一輩子沒有見過八百兩這麼大的一筆錢。

講到這裡，你們覺得故事還要演下去嗎？少年能夠享受到這八百兩嗎？」

有人回答：「就算他失去八百兩，還是可以再去別的地方找回來啊。」

師父笑說：「人生就是如此嘛，在人生的故事裡，就要明白怎麼做事，怎麼讓故事圓滿，你才會知道怎麼演下去，不要在意每一次的輸贏，所以不需要悲觀，要保有人生的活力，就算是一時輸了，也要讓自己有置之死地而後生的心情，重新開始創造機會，才能像故事裡的少年，得到成就，以後你們的成就就會比現在更好。

師父送你們一句話，人生千萬不要悲觀，上天讓你們保有生命，不是為了讓你們痛苦，而是為了要讓你們付出努力的工作，讓你們在痛苦的經驗中成就自己，師父要讓你們明白，每一個故事都要從頭看到尾，不是只看一段情節，每個人都曾經失望過，就算你年紀已經大了，那又如何？人生還沒有結束啊，你們的故事，也還沒有走到結局。

每一個人都曾經失望過，都曾經經歷過人生的低潮，也難免會有輕生的念頭，那又如何，師父也這麼想過啊，哈～哈。」

人生，就是戲。

人生，就是一個漫漫長長的故事，故事裡當然有高潮，也會有低潮，但是都是一時的，就像師父說的，要有千金散盡還復來的志氣，人生故事才能繼續的高潮迭起，才能夠保持生命的活力，繼續的創造時機。

人生的年老不在於年紀，人的年老，是自己放棄了志氣，失去了創造的動力，只要不放棄自己，這人生就還沒有失敗，人生的故事就仍然會繼續寫下去。

## 散盡千金

每一天的忙忙碌碌，爲的是什麼呢？求的是什麼呢？是賺錢好，還是花錢好呢？

師父繼續說故事：「少年有了八百兩，他走啊走的，想著自己餓了幾天，可以先找個地方吃東西，去到鎮上，雖然有很多好吃的餐廳，他也只是吃了一碗簡單的陽春麵，連個小菜都沒有點，心裡不免有些空虛。

塡飽了肚子，他在路上遇到了一個乞丐，因爲同情乞丐都沒有飯可以吃，少年就給了乞丐五十兩，讓乞丐可以用這筆錢謀個生計，以後可以不用再要飯了。

少年繼續走著，他遇到一個孩子在路邊賣東西，原來是他的母親生了病，只能靠這孩子出來賺錢給媽媽治病，孩子說他需要一百兩給媽媽治病，少年自然也拿了一百兩給了孩子。

爲什麼這麼巧呢？其實乞丐和這個孩子都在前一天，受到了濟公師父的指點，提前在路上等著少年的來到。

後來，少年來到一處土地公廟，聽說這一間廟正要重建，還短少經費五百兩，少年也沒有多想就把五百兩捐了出去，捐了建廟的經費，少年的心情覺得特別的好，因爲人生一輩子也難得有這樣的機會捐獻建廟。

過了一段日子，少年再次遇到了濟公師父，很開心的告訴師父：『師父啊，我眞的發財了。』，濟公師父說：『好啊好啊，那師父請你吃飯啦。』

少年有點疑問：『師父身上有錢嗎？』

濟公師父說：『師父當然沒有錢，師父請客，你出錢啊。』，少年身上還有錢，他當然沒有問題。

濟公師父和少年去到酒樓，喊道：『來來來！滿漢全席、山珍海味都端上來啊。』，菜端上來，少年難得吃到這麼好吃的菜色，吃得很高興，等到帳單端上來，少年卻嚇一大跳，因爲這頓飯要一百五十兩，剛好把他身上剩下的銀兩都用光光了。

少年付了錢，心裡感到有些徬徨，他說：『師父啊，我的錢又用光了，我要怎麼辦？』

濟公師父說：『沒關係，等等你出了店門口，只要聽到有人叫你，你就趕快往東邊跑，千萬不要停留。』」

## 因果了緣

師父說：「少年提心吊膽的出了店門口，果然沒走幾步就聽到有人高聲喊著：『那個年輕人在那裡，趕快去逮住他！！』

原來又是那五個惡霸，上次被要了八百兩不甘心，所以急著要找少年把銀兩討回來，少年馬上照濟公師父說的，趕緊往東邊逃跑，一邊跑還一邊感嘆，濟公師父怎麼每次預言都這麼準，但是說也奇怪，這五個人爲什麼老是要找這個少年的麻煩呢？爲什麼呢？這個就叫做因果；人生都會有因果，你既然拿了別人的錢，別人當然要找你麻煩。

話說少年往東邊跑著跑著，他遇到了曾經幫助的那個孩子，孩子趕緊讓少年躲進了自己的家中，暫時躲過了五個惡霸，孩子對少年說：『感謝您幫助我們的銀兩，我的母親病情已經好很多了，我們家沒有什麼可以回報你的，看到你被壞人追趕，我們家有一支鐵器就送給你防身吧。』

少年收下了鐵器，繼續他的旅程，他來到了土地公廟，剛好聽人說土地公的金身需要一支如意搭配，少年想了想，就花了幾天的時間，把手上這支鐵器好好的打造、磨亮，還上了漆之後，一支全新的鐵如意就完成了，這時剛好土地公廟在辦慶典，在慶典上少年把鐵如意獻給了土地公，村民們聽說這少年還捐給廟裡五百兩，都來誇獎和感謝他的善心，讓少年感受到心情溫暖和滿足。

慶典過後，少年沒有地方可以去，就找了一個涼亭休息，沒想到，遇到了當初那一位乞丐，但是乞丐的衣裝已經完全不一樣了，身上都是上好的衣著，乞丐說：『年輕人啊，我記得你，感謝你當初幫助了我五十兩，我用這筆錢去做生意，賺了不少錢，爲了感謝你，我要回報給你一百兩銀子。』

少年想要推辭，但拗不過乞丐的堅持，他最後只接受了最初的五十兩銀子，懷裡有了錢，少年的心情舒坦了不少，這一晚他總算可以安心的睡個好覺。

『可被我們找到了吧！！』，一聲怒喝把少年給驚醒了，原來又是那五個惡霸找上門來了，『把我們的八百兩銀子還來！！』

少年只好把那八百兩怎麼幫助別人的過程說了一遍，少年說：『我現在身上只剩下五十兩了。』，這五個惡霸聽了之後，也受到感動：『看在你這麼善心的分上，那就用這五十兩，把過去的事情一筆勾消吧。』，少年交出了五十兩，他與五個惡漢的恩怨因果總算到此結束了。

故事講到這裡，少年身上的錢再一次用光了，他又遇到了濟公師父，濟公師父問他一句：『年輕人啊，你有沒有發財啊？』，如果你是故事裡的這位少年，你會怎麼回答濟公師父呢？你有沒有賺到錢呢？當然有啊，但是心裡是不是沒有滿足呢？

這就好像你們自己的人生，工作有沒有賺到錢？當然有，但是都用在房貸、日常開銷、家人身上、用在玩樂上，問題是，你們有沒有找到心裡的滿足呢？」

自我的滿足，是從哪裡得來的呢？是賺了多少錢嗎？還是花了多少錢呢？

賺錢，會讓人滿足嗎？如果是你，從五個惡霸身上拿到八百兩，你是否會感到滿足？花錢，會讓人滿足嗎？如果你是那位少年，在花掉那八百兩的過程中，你有感受滿足嗎？爲什麼呢？

## 奉獻的心情

師父說：「濟公師父問：『年輕人啊，你有沒有發財啊？』，少年嘆了口氣說：『有啦，是有發財啦，但是我如果沒有那麼慈悲就好了，如果我沒有去幫助別人，我就不會一毛錢也沒有了。』

濟公師父說：『上天有好生之德，你做的這些善行與奉獻，都會在未來帶來你所需要的運，在經歷了這麼多的事情之後，你已經得到了足夠的經驗，你體會了乞丐的心情，你也體會了社會的弱肉強食，你知道了要如何奉獻付出，要如何把自己的心意送出去，接下來，你如果能去做生意，你就會知道要怎麼做了，最後師父要送你一個東西。』

你們知道濟公師父要送他什麼嗎？

濟公師父送給他一個微笑，用微笑祝福他展開下一段新的旅程，到了後來，這個少年真的試著去做生意，他的生意果然越做越大，成功地建立了自己的事業。

這個少年的成功，是因爲濟公師父幫助他嗎？不是，那是因爲濟公師父開導他嗎？也不是，濟公師父給予他的，是一段經驗，讓他明白要如何在社會上奮鬥，他現在知道什麼是溫暖，他知道什麼是奉獻心，他明白奉獻心的心情是爲了推恩、感恩，不管做什麼事情，他都不會與別人計較，能夠廣結善緣，事業才能越做越大。

這都是因爲濟公師父的點破，濟公師父不能讓你們說發財就發財，因爲越是容易得到的錢財，越是容易失去，就像故事中的少年一樣。

所以啊，一切都要自我啟動，自己做起，靠自己的力量賺取的，那才是眞正屬於自己的財富，只有自己的努力過程當中，才會找到長長久久的滿足。」

賺錢好，還是花錢好呢？

賺錢的滿足，是來自於努力的過程，是如何在經驗痛苦中成長自己，開發自己的能力與價值。

花錢的滿足，是明白如何讓錢發揮價值，要如何成就自己的嗜好、興趣，要如何成就家人的需求，或是在奉獻付出之中，成就自己的善緣與惻隱之心，經過了少年這段旅程的故事之後，你能體會前面說的，見山只是山的心情了嗎？

## 故事：發財的一場夢

「眇」，這個字意思是少了一目，只用一隻眼睛看事物，具有輕視的意思，或者解釋為，因爲太過注重一個目標，反而錯失了事物的全貌，這也就是造成盲點的原因。

就像一個人專注在挑別人的毛病，反而看不見自己的毛病，就像是我們緊盯著重要的存款數字，希望它越來越大，卻忽略了如何發揮金錢的價值。

師父說：「有一個年輕人，他一輩子都在做好事，而在他家的對門，住了一個大富翁，這個年輕人每天都在觀察這個富翁，他總是和朋友說：『奇怪啊，這個富翁這麼有錢，生活方式卻是這麼平淡，他總是吃著很差的食物，出門也開一部很廉價的車子，就連住的房子也顯得老舊而缺少裝修，他在用錢的時候，還需要再三的考慮，

如果有一天讓我變得富有，我絕對不會像這個人一樣，一定會好好的善用我的財富。』

有一天，濟公師父來到年輕人的家裡，濟公師父說：『年輕人啊，你做了這麼多的善事，師父一定要讓你變成有錢人。』

這年輕人說：『哎呀，師父不要騙我啦，濟公師父講的話每次是虛虛實實，也不知道哪一句才是真的。』

這時，濟公師父從懷裡掏出一隻金龍，『來，這隻金龍送給你，它每天都會生出一支金元寶，你把金元寶收好。

但是記得，只要你開始使用金元寶去買東西，這隻金龍就不會再生出金元寶，到那時你就必須把這隻金龍丟入海裡，把它還給上天。』，說完濟公師父就離開了。

年輕人本來不相信，但是隔天這隻金龍真的生出了一支金元寶，於是他也不去工作了，成天就是緊盯著金龍生出元寶，只靠著自己的積蓄過活，過了一個月，存了三十粒金元寶，這其實已經夠他花用一輩子了。

年輕人開始計畫著要怎麼使用這筆財富，先要買棟房子，還要買衣服、吃頓大餐，但是想到一用了錢，往後就不會再有金元寶，他心想：『不然再存一陣子好了，多存一點總是比較心安。』

就這樣，日子過了半年，爲了要存元寶，他只能靠著自己僅有的一點積蓄過日子，所以每天只吃一點點東西，導致他的身體日漸瘦弱，每次當他心想存夠了，明天一定要拿元寶來用的時候，卻又是一天拖過一天，轉眼之間，已經過了一年。

你們看這故事裡的少年，他的心裡是貪嗎？還是痴呢？人生中的貪嗔痴，自己總是看不清楚，明明已經可以享受財富，爲什麼不適可而止呢？爲什麼還是一天天的等待呢？

過了一年又一天之後，他一覺醒來時，發現自己忽然變老了，而且已經病倒在床上，就連起床都有困難，正在他驚慌失措的時候，濟公師父出現了。

濟公師父說：『年輕人啊，你生病了，如果要治好你的病，就必須把金龍和所有的元寶都給師父帶走。』

年輕人毫不猶疑的回答說：『師父啊，元寶我都不要了，我想通了，我寧可恢復原本正常的生活，靠我自己的力量去工作謀生就夠了。』

於是濟公師父就把所有的元寶都帶走了，年輕人果然恢復了一些力氣，可以試著起身，重新去找工作，經過一個月之後，生活回歸於平淡，他也恢復了原有的健康，但是當他再次看到對門的富翁時，他又開始嘲笑這個富翁：『眞是個傻子啊，有錢還不敢花啊。』」

說到這裡，所有的人都跟著大笑了起來，笑什麼呢？笑這個年輕人的傻，卻沒有看到自己也做了一模一樣的事。

師父說：「就在這時候，『鈴鈴鈴……』，鬧鐘的鈴聲響起，年輕人醒了過來，這才發覺原來一切都只是南柯一夢啊。

故事講到這裡，所以，想要改變一個人的個性有多麼困難？當一個人在批評別人的時候，往往沒有發現自己也在批評自己，他無法看清這一點，無法感受到這一點。

對於重視的事物，人總是想要不斷的等，想要得到更多，但是為什麼不能適可而止呢？對於應該做的事情，就要把握時機去試試看，不要等待。」

無論是創造財富，或者是善用財富，兩者雖然看似不同，但是有一點是相同的，它們都是爲了創造更大的價值。

工作是爲客人創造價值，奉獻是爲眾生創造價值，創造出來的價值，都是我們自己的價值，與其重視人生的貪嗔痴，不如更加珍惜自己的價值，對於一切執著心，都試著換做自然心，把痛苦的等待，換做爲樂心的做起。

要如何創造價值？

可以想想看，如何扮演好一個上司、下屬，如何扮演父母親、子女、朋友，如何在那些角色當中學習模仿、如何奉獻與付出。

等待，就像是在做夢，夢想著有一個更好的結果會發生，但是只有真正的採取行動，才會從夢中醒來，那就是人生的做起。

# 人往高處爬

在競爭和努力的過程中，我們的注意力常常放在如何比較別人與自己的好或壞，像是成績比別人好，心情就好一點，成績如果比別人差，就再找比自己成績差的人比較，都是爲了一個情緒感受。

優越感，造就了輕視別人的心情，也許是還沒有學會完全接納自己、也許是自信不夠，這將會限制住我們未來發展的高度。

師父說：「做人，眼界一定要高，眼界高的意思，是提升自己的制高點，是要平視出去，而不是目中無人的往上看。」

眼中無人的往上看，大概就是人們說的，看高不看低，把別人都做了高與低的區別，只用某種標準去幫別人貼標籤，眼中只看到自己認同的高，卻看不見別人在其他方面的專長。

像是考試成績不好的孩子，也許他其實很聰明，只是需要有人付出時間，教導他如何唸書，如何立讀書的習慣。

有的人工作表現不好，也許是因爲放錯位置，或者是還沒有學會怎麼聽懂上司的話，或者，是我們還沒有學會多說幾句，還沒能夠讓下屬明白意思。

眼界高，並不是目中無人，而是提升自我的高度。

師父說：「眼界高的人，是用平等的心去看別人，用自己的程度與內涵，去觀看自己的上司，觀看自己的下屬，然後明白什麼是區別。

有了區別之後，對上司就知道要尊重，對於下屬，就不會鄙棄，而會體諒，會用感恩與推恩，對上司可以尊重與巴結。」

提升高度的意思，是放下自我的標準，當我們抓著一根尺不放的時候，每個人在我們的眼中都只有長與短的分別。

眼界高的意思，並不是代表我長得多高，不代表我有多麼高的成就，眼界高的意思，說的是，我們終於明白，在我們之上，還有著許許多多需要學習的地方，還有著模仿別人的成長空間，看見自己尚未知曉的高度，看得越高，我們成長的可能性就會越高，這就是眼界的意義。

接受了自己的現在一切，才能看得越高，才能明白如何隨緣。

看見未知的高度，才能夠有虛心，從別人的身上學習與模仿，才能夠改變自己的程度與內涵，看到上司的角度和思維，看到下屬的心態和想法，看到另一半的心情和辛勞，明白孩子的感受與做法。

放下手中執著的尺，打開了自己的心眼，就會知道如何扮演好自己的角色，不再用情緒感受做事。

把比較心，換做一顆虛心，換做一個學習模仿的心，把自己的界限越望越高，跳脫了智愚、成就比較的標準，人生境界才會隨著眼界越走越高，這也是人往高處爬的另一種意涵。

# 故事：淡水與海水

說話的應對，是重要的課題。

## 海水的問題

師父說：「有一個人坐船出海，在海上走啊走的，他就睡著了，在他的夢中，他看見海水化做人形，問了一個問題：『是海水比較好，還是淡水比較好啊？』

如果你是這個人，你會怎麼回答呢？

這個問題很簡單啊，讓師父換一個問法，你們現在人在濟公師父的廟裡，如果師父問你：『是濟公比較好？還是媽祖比較好呢？』，你們要怎麼回答？

當然是濟公比較好啊，因爲你們人在濟公師父的地盤上啊，所以是海水好還是淡水好呢？當然是海水。

再想一想，當你們口渴的時候，當然是淡水好啊，淡水可以救你們的生命，但是當海水問你的時候，你們就要明白這是海水的地盤，因爲啊，人在屋簷下，不得不低頭，所以師父常說，做人不要太老實，講話實在就好，太過於老實，就會無法與人應對做事。

一個人，如果無法隨波逐流，無法追隨主流，就會被人排擠，所以，要懂得『順勢』。」

順勢，就是大環境的情勢，也是主流的方向，公司的發展方向、上司的選擇方向，懂得如何順，才能營造更好的情勢。

## 淡水的問題

師父說：「如果同樣在海上的船裡，換淡水問你：『是海水比較好，還是淡水比較好？你要怎麼回答？如果你選海水，你就得罪了淡水，淡水就會不讓你喝水，更嚴重的，如果你選了淡水，海水就會翻掉你的船。

這下子左右爲難，勢力龐大的海水在旁邊等著聽你的答案，得罪了淡水可能又沒水可以喝，你該怎麼辦呢？」，師父讓大家想一想。

師父說：「既然這裡是海水的地方，那就是以大欺小，直接把淡水拿起來喝掉。

既然海水勢力龐大，凡事都是海水作主，那麼，還需要聽淡水的意見嗎？

所以，你們要學會依附海水的權力，而不是害怕海水的壓力，要懂得善用海水的特權來發展自己、壯大自己，如果要在社會上發展自己的成就，就要學會這樣的霸氣。

所以師父要告訴你們什麼呢？凡事要懂得變巧，要明白西瓜偎大邊、明白怎麼巴結，如果凡事都聽淡水的話，你們要怎麼壯大自己呢？」

## 上與下的問題

如果還不明白海水與淡水的意思，那就再聽聽下一個問題吧。

師父問：「當你的上司和下屬意見不同的時候，這個時候是要選上司好呢？還是選下屬好呢？」

有位信者回答：「要站在下屬這一邊。」

師父說：「人要高處爬，是不是要踩著別人的頭上走呢？好好的思考這個問題，要改變自己。

上司就像是海水，而下屬就像是淡水，你們如果想要更上一層樓，就要學會順著海水的勢，踩住淡水的氣勢，做出自己的霸氣，未來才會有成就。

所以，你們學會如何選擇了嗎？」

有句成語說：『風行草偃』，當大風吹過時，花草都要彎腰，這是自然不變的道理，這就是順勢，如果不彎腰，就可能會被吹折損傷。

雖然說，『人在屋簷下，不得不低頭。』，這句話聽起來有些無奈，但它也是現實，何不認清現實，並且善用這頂屋簷，也讓別人低頭，我們就學會如何創造自己成功的條件，創造身爲領導者的條件。

這也是做自己的開始，我們不是被迫低頭，而是自己選擇了順勢低頭，我們選擇做出自己的道理，就從學會向海水低頭開始。

# 修心不修口的濟公師父

濟公師父在民間的形象，常常是瘋瘋癲癲，不守清規，傳說濟公師父喝酒吃狗肉，看似背離了佛法戒律，但是濟公師父的救人濟世故事，師父的佛法造詣，都在正史或是小說故事中有所流傳。

所謂清規與戒律，眞的會影響一個人是否修成正果嗎？

「別人笑我太瘋癲，我笑他人看不穿。」，唐伯虎『桃花庵歌』中的這兩句話，正說明了，所謂的修行，不能執著於表相，也無法認識濟公師父眞正的樣貌。

要怎麼認識濟公師父呢？可以從一則濟公的民間故事開始介紹起。

## 故事：孝子的包子

故事是這麼開始的：「在村子裡有個孝子，每天在山腳下一座小草棚裏賣包子，賺錢奉養他那生病的母親，這一天，濟公剛好經過看到孝子在賣包子，就說要買幾個包子。

孝子問濟公：『這位師父，您要肉包子還是菜包子？』

濟公伸出一只髒手，在蒸籠裏挑了半天才說：『就買十個肉包子吧！』，孝子包了十個肉包子給他，誰知濟公拿了包子一轉頭就跑了，孝子急得追了上去，這才沒跑幾步，忽然『轟隆』一聲巨響，山崩了！土塊夾著大石頭，嘩啦嘩啦落下來，把孝子的草棚壓垮了，『哎呀！好險！』孝子回頭看到這景象，不禁暗暗慶幸，這時他才忽然明白：『原來這個髒和尚就是大家所說的濟公活佛，那是濟公有意救他一命，才免掉一場災難的啊！』

孝子回頭要找濟公，卻見濟公坐在一棵大樹上哈哈大笑，濟公丟下來兩個沾滿口水、黑手印的包子，對孝子說：『拿回去給你娘吃，病自然就好了。』，孝子很高興的捧著包子回家。果然治好了母親的病。」

就像濟公師父其他的故事一般，濟公師父不會直接告訴你答案，不會直接告訴你如何避免災難，而是給人們一個啟動改變的機會。

看完故事，當然人們會說濟公師父搶包子是師父的靈感，但是，如果只看濟公搶人包子的那個當下，卻不看事情的前因後果，人們還能夠接受濟公師父的行爲嗎？

## 故事：殺狗興旺

『殺生爲護生』，重點在一個『爲』字，要明白自己的每一分付出，『爲』的是什麼，明白別人的責怪情緒，又是『爲』了什麼，明白了，明白這一切都是人性，我們

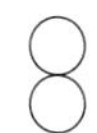

就不會困在對立的情緒之中，我們就能夠轉變一個不同的想法，善待自己，更接納別人，讓自己選擇一條更好的路走。

什麼是濟公活佛？

所謂濟公活佛：『沉移人世間，佛法人性中，不以常衆之現。』

濟公活佛的禪機佛法，不是用一般常衆的眼光去解讀，而是展現在每一天人與人的日常生活中。

用佛法去解讀人性，能夠接納他人的惡言惡語，因爲明白別人的爲什麼。

用佛法，用共同的興趣去改變人性，能夠善待自己受到的那些磨難感受，因爲明白自己的爲什麼。

師父說：「有一對農夫夫妻，他們在種田的時候，剛好看到濟公師父走了過去，於是熱情的邀請濟公師父來家裡吃個素的齋飯。

濟公師父卻說：『師父我不吃素，今天想要吃點狗肉啊。』

『什麼？狗肉？』，這妻子很生氣的說：『我們家有一隻小黃，牠這麼乖，我們怎麼忍心殺牠來吃呢？牠陪伴我們這麼多年了，這是不可能的。

師父啊，我們好心要請你吃素齋，你卻想要我們殺掉心愛的狗，你這麼做眞是得寸進尺！』

做丈夫的趕緊拉住老婆說：『哎呀，別這樣啦。』

濟公師父搖搖頭說：『你們沒有狗肉也不用這麼兇

嘛，請不起就不要請嘛，我去找別人就好了，何必這樣呢？』

丈夫想要打個圓場，說：『師父啊，沒關係啦，不然還是吃個素菜啦。』

妻子又忍不住罵了：『不用！不吃就不吃啊，居然叫人殺自己的狗來吃，你算什麼，把我們對你的尊重當做了什麼啊？』，憤怒的妻子不停的罵，丈夫趕忙把妻子拉走，兩個人就這麼一邊走一邊吵著回家去了，大老遠的都還聽得見妻子罵說：『你看，就叫你不要信濟公師父吧，現在才會變成這個樣子！』

你們說，濟公師父有沒有被人罵過啊？當然有啊，濟公師父這麼做，爲的是什麼呢？濟公師父只是笑了笑，他一邊走還一邊笑，雖然剛剛被別人罵了一頓，仍然好像沒事一般，接著來到了另一戶人家，有對夫妻倆在門口廣場上曬著金針花，他們看到濟公師父，一樣熱情的喊著：『師父啊，您既然來了，天色也要黑了，讓我煮碗金針花給師父吃好嗎？』

濟公師父還是問說：『你們有狗肉嗎？』

夫妻兩人一聽就傻了，說：『師父啊，我們沒有狗肉，只有金針花可以吃啊。』，他們並沒有生氣，只是照實的回答。

你們看看，爲什麼這對夫妻的反應，和前一對夫妻的反應完全不同呢？爲什麼前一對夫妻這麼生氣，第二對夫妻卻沒有什麼情緒呢？爲什麼呢？

因為兩對夫妻的生長環境不同，這一對夫妻沒有養過狗，他們對於狗是沒有感情的，但是前一對夫妻有養狗，把狗當成了自己家人，怎麼可能會接受殺狗這一件事。

當生活的情境不同，感受、做法就不同。

第二對夫妻還是好脾氣的勸師父說：『不然還是吃點金針花吧。』，濟公師父卻說：『沒有狗肉，師父不吃啦。』，濟公師父就這麼走了。

濟公師父走啊走的，來到了一戶人家，他們專門在賣山產，平時就是打獵維生，常捕捉山上的動物煮菜給客人吃，一看到濟公師父，他們也喊著：『師父啊，還沒吃飯吧，我剛剛抓了一隻松鼠，煮給師父吃吧。』

濟公師父說：『師父要吃狗肉。』

『狗肉？師父你要吃狗肉？』，獵戶一副訝異的口吻，他說：『師父，你等我一下，我馬上去抓。』

過沒多久，獵戶眞的殺了一隻狗，拿了進來，打獵的人什麼都可以殺，既然師父說要吃，他就打來給師父吃，你們說看看，這個濟公師父是不是很糟糕啊？

這個時候，這個獵戶把煮了一頓豐盛的狗肉料理，濟公師父吃得津津有味，這時，剛好那一對農夫夫妻經過，看到了這一幕，站在一旁直搖頭，他們說：『這和我想像中的濟公師父不一樣啊。』

如果你是農夫，你會不會對濟公師父有怨嘆呢？『濟公師父居然吃狗肉？這對獵戶夫妻居然還殺狗給濟公師父吃？』

但是看到濟公師父吃得這麼開心，獵戶夫婦兩人也覺得很開心，他們原本就是打獵爲生，早已經習慣了殺生，並不會覺得殺狗有什麼不對。

等到隔天，濟公師父殺狗吃肉的消息傳了出去，鎮上的人們看到濟公師父，都用異樣的眼光看待濟公師父，甚至直接轉身就走了，他們不想和濟公師父說話。

這個時候，村民們這樣的反應就是一種無知，他們不知道濟公師父爲什麼要做這樣的事情，他們也沒有思考其中的原因，只是輕易的被情緒左右了看法。

如果想要學習濟公道，你們就要融入濟公道的角色，就要知道人生的角色，要明白什麼是門生的角色，身爲門生，就要明白師父的每一個作法，總有背後的原因，不能夠用別的宗教信仰標準來衡量濟公師父。

獵戶夫妻也是第一次吃到狗肉，這才發現原來狗肉這麼好吃啊，於是他們開始每天抓路上的流浪狗來做菜，賣給客人吃，他們的生意也變好了，客人們也覺得好吃。

就因爲濟公師父的一句話，這一對夫妻這麼做有沒有造了業呢？

『當然是造了業』，每個人都會這麼想。

於是農夫夫妻開始四處批評，到處找人議論濟公師父的行爲，但是那對種金針花的夫妻同樣一點感覺也沒有，一樣過著自然平靜的生活。

至於第三對夫妻，他們的生意變好了，他們很感謝濟公師父，但是鎮上一些村民，原本都會對濟公師父奉獻的人，也不再奉獻了。」

## 有情卻是無情

三對夫妻，三種完全不同的反應，那都是人性。

每個人的經歷、背景和價值觀不同，所以做出來的選擇也不一樣，其中並沒有對錯好壞的分別，就算是獵人，如果他們曾經養過狗，他們的反應也會跟農夫一樣，因爲人都是重感情的。

人們說的『對錯』，常常是帶著感情的看法：『狗那麼可愛，你怎麼可以殺狗？』

就像獅子追捕羚羊，人們容易同情弱小的羚羊，那麼問題來了，獅子是壞人嗎？但是思考一下，獅子的殺生是爲了什麼？也是爲了養育幼小的獅子長大，人們對羚羊的同情，也是對小獅子的殘忍無情。

輕易動用的感情，卻可能是一種無情，所以不要輕易的動用感情。

## 無情更是有情

你有過受人誤解的經驗嗎？你有受過委屈嗎？

我們的人生也有像濟公師父一樣被罵的時候，苦衷不被別人了解的時候，努力卻遭受別人批評的時候，我們能不能夠像濟公師父一樣，笑笑帶過呢？能不能夠對自己不動感情？不要同情自己呢？

對自己沒有感情，就不會怨恨別人，就能夠接納別人的人性，看似無情，卻更是有情。

師父說：「說到那一對養狗的農夫夫妻，因爲無法接受濟公師父殺狗的行爲，所以四處批評，然而，在他們的人生之中，這麼做有錯嗎？其實沒有錯。

他們認爲濟公師父是佛道中人，就不應該違反佛道的規定，所以當然要跟大家說，叫大家不要跟隨濟公師父。

然而，如果他們是信仰濟公道的人，那就不同了，當初選擇跟隨濟公師父的時候，他們明不明白自己的選擇呢？他們知不知道濟公師父的道在何處呢？既然選擇跟隨濟公師父，也受到了濟公師父的教導和照顧，就要明白門生的身分是什麼。

如果做爲門生，卻不懂得濟公師父的道是什麼，卻要批評自己選擇的跟隨，那麼他的功德就要隨著他的批評而付諸於水流。」

自己的選擇，就是自己承擔，既然選擇了信仰，就要自己去親證那分信仰的思想，而不是輕易開口批評，否則他批評的將是『自己』的選擇。

既然我們的功德，是因爲相信這一分信仰而來，我們奉獻付出的功德，當然也會因爲懷疑自己而失去，那樣的批評，就好像是一隻獅子，竟然回頭指責牠的父母殺了生，牠卻忘記了，如果沒有父母當初的殺生，哪裡會有今日的牠呢？

不要用上感情，人間更是有情。

## 龍的降臨

師父說：「經過了一個禮拜之後，獵戶夫妻把鎮上的流浪狗都抓得一乾二淨，街上一隻狗也看不到了。

這一晚，鎮上的村民們都做了一個相同的夢，他們夢到有兩隻龍，其中一隻龍有九十九個頭但只有一根尾巴，另一隻龍則是有一個頭卻有九十九根尾巴，這兩隻龍最愛吃狗，當他們來到村子，牠們覺得很奇怪，爲什麼路上一隻狗也沒有了。

這時村子裡的狗，只剩下農夫家裡那一隻小黃，所以這兩隻龍就去到農夫家裡，小黃看到兩隻龍，就不斷的狂吠著。

九十九顆頭的龍先說：『讓我來吃了牠。』，問題是，哪一顆頭要先進去呢？能進去的入口只有一扇大門，這九十九顆頭吵了半天，還是拿不定主意該讓哪顆頭先進去，最後只好放棄，改讓另一隻龍先進去。

另一隻龍，馬上把頭伸了進去，但是牠進得去嗎？當然進不去，牠有太多尾巴了，龍頭在大門入口掙扎著，龐大的尾巴們怎麼也擠不進去。

到最後，這兩隻龍都沒有吃到小黃，只好失望的回去了。」

九十九隻頭的龍因爲討論不出一個結果，導致事情無法有進度，就像我們有時雖然有了一個動機，卻會左思右想，四處去問別人的意見，反而拿不定主意，最後一樣什麼也沒有做，人生也沒有改變。

至於另一隻龍，明明只有一顆腦袋，卻要背負九十九根尾巴，就像我們心中的顧慮，不懂得「取捨」，每一個選擇都有必須承擔的後果，如果放假要選擇睡覺休息，就無法陪家人出門，如果想要面面俱到，想要滿足身邊的每一個人，最後仍然只會得到一個怨字，被別人怨，或是被自己怨。

選擇就像是龍頭，承擔就像是尾巴，我們只需要一個龍頭，也只需要一條尾巴，做出自己的選擇與承擔，我們選擇的不只是做法，更是自己的承擔，我們承擔的，不只是別人的臉色好壞，更是承擔自己做出的選擇，所以無怨。

在每個當下，就是承擔當下的該做的事情，好像我們明明手上拿著鍋鏟，心裡卻是記掛著：

「明天老闆交代的事情，要是準備得不夠完美，被別人批評怎麼辦？」

「小孩的功課不好怎麼辦？老是愛打電動怎麼辦？以後會不會找不到好工作？」

「師父叫我要去跑步，我都找不出時間去跑，要怎麼辦？」

活在當下吧，做當下該做的事，後面的事情，稍後再解決。

「煮完飯，再花時間準備工作吧，現在先煮飯。」

「小孩的未來不是我能決定的，不要再給自己壓力，也不要給孩子壓力，等我煮完飯，再看看我能爲孩子做些什麼，現在先煮飯。」

「時間是我自己掌握的，我先煮好這一餐，晚點再調整自己的時間。」

一隻龍，只需要一個龍頭一個動機，只需要一條尾巴一個收尾，這樣才能成龍啊。

## 功過相抵

故事繼續，師父說：「就在大家做了同一個夢的隔天，濟公師父來到鎮上，跟大家說：『鎮上雖然一隻狗也沒有了，但是師父這裡有十幾隻小狗，你們有人想要養嗎？』

如果是你們，你們願意養狗嗎？濟公師父的形象已經被許多人說成是妖僧了，又是吃狗肉的人，村民們也會懷疑師父的動機，他們不想再造業了，而且他們才剛剛做了夢，他們害怕養狗會招來惡龍，所以沒有人想要養狗，那麼，濟公師父的小狗要找誰來養呢？濟公師父的葫蘆裡到底在賣什麼藥呢？

結果鎮上的村民們沒有人想要養狗，於是，濟公師父來到了獵戶夫妻的家裡。

濟公師父說：『過去因爲師父吃了一隻狗，所以你們殺了四五十隻的流浪狗，你們因此賺了不少錢，但這是不義之財啊，現在開始，師父要你們封刀，不能夠再殺狗，要把你們的福德補回來。

師父要開始教你們方法，教你們如何養狗、如何訓練狗，並且從現在開始繁殖狗隻。』

這眞是奇怪啊，一個本來在殺狗的人，卻忽然要他開始養狗，這時的劇情開始反轉了哦，這對夫妻果然照著師父教的方法，在兩三個月後，狗的數量從十幾隻繁殖到二三十隻，雖然如此，鎮上也沒有人想要買狗來養，大概是怕買了又被獵戶抓去殺。

這對夫妻也覺得無所謂，他們心想：『沒關係，反正聽濟公師父說的，我們就用過去殺狗賺來的錢，來繁殖這些狗。』，不久之後，狗隻的數量繁殖到了四五十隻，他們照著濟公師父教的方法去養狗，所以每一隻狗都相當的健康。

這時，濟公師父又上門了，濟公師父說：『是時候了，你們就把這些狗都放生吧，讓牠們自由。』，這對夫妻也就照做了。

就在同一個時間，山上爆發了嚴重的鼠患，近千隻的老鼠從山上流竄到鎮上來，村民們的農作物、倉庫裡的收成，眼看就要被老鼠吃光了，這時，獵戶放出來這四五十隻的狗兒，因爲長期受人養育，牠們有一個護主的心，於是狗群開始對抗鼠群，四處去獵捕老鼠。

爲什麼這些狗會打獵呢？因爲獵戶照著濟公師父的方法，再加上獵戶自己的經驗，長期的訓練牠們，所以每一隻狗都懂得如何打獵。

最後，所有的老鼠都被狗兒們咬死了。

這些受到鼠患驚嚇的村民們，見到這群狗保護了自己

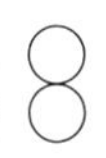

的農作物，他們感謝這些狗，他們都主動認養了一隻狗，除了感謝狗，也是爲了預防老鼠再次出現。

你們回想一下，原本獵戶殺光了街上那四五十隻無人關心的流浪狗，又重新訓練了四五十隻與人親近的狗，更因爲這一次的鼠患，讓原本不想養狗的村民們，開始有了對狗的愛心。

而原本以殺生維生的獵戶夫妻，反而開始做了養育狗兒的事業，因此賺了大錢。

有村民就去問濟公師父：『爲什麼當初要殺狗呢？爲什麼要讓那四五十隻的流浪狗都因此被捕殺呢？』

濟公師父說：『因爲原本村民們不喜歡狗，路上的流浪狗沒有與人親近，更是無人照顧，牠們的體質不夠強壯，無法與鼠群對抗，也沒有保護村民的心。

萬一流浪狗被老鼠咬死，將會造成傳染病，會讓整村的瘟疫爆發，到時不只是你們的農作物不保，更會變成一場滅村的災禍。

所以師父才要做這樣的安排，你們才能躲過了這一場巨大的災禍。』

原來一切都是濟公師父的巧妙安排，也讓村民們更加的珍惜照顧這些狗，如此一來，這個村莊是不是更加的繁榮了呢？

但是你們想一想，濟公師父做這些事情，是不是吃力不討好呢？當初爲什麼會受到農夫夫妻的怨嘆和中傷呢？

所以這個故事說明了，一般人的感受和想法，一般人對於事情的看法，無法看懂濟公師父的布局是什麼，你們的看不懂，就是要讓你們深思的地方，你們要看見自己的『不知道』。

為什麼你們需要學習呢？就是因為你們『知』的不足，所以先要學會『不知道』，才會明白如何虛心的學習受教。

至於為什麼濟公師父要讓獵戶夫妻造這個殺業呢？

因為如果沒有他們，就找不到其他人完成這一件任務了，他們把殺狗賺來的錢拿來養狗，其實並沒有賺到錢，這四五十隻狗都是自由放生，沒有讓他們賺到一分錢，所以才有後來的『功過相抵』，拯救了全村的作物與生命，到後來，有一些狗也回到了獵戶的家裡，獵戶也不再殺狗，而是做起養狗和照顧狗的事業。

如果沒有一開始的殺狗，又怎麼會有後來的養狗，和後來的拯救村莊呢？

所以，有人還是會問那個問題：『為什麼濟公師父不一開始先說清楚呢？』

好好想一想啊，想一想濟公師父的動機。」

## 不以常眾之現

聽故事的好處，就是不需要自己去走那一趟痛苦的過程，試著融入每一個角色的感受，彷彿自己走了一趟人生，收獲就會大大的不同。

「如果我是最初被殺的流浪狗，我明白了自己的生命，是爲了保護更多人的生命而犧牲，我要選擇無怨，我要接受這個安排。」

「這一世的我，本來只能在街上流浪受苦老死，本來是毫無價值的受苦，現在因爲濟公師父的安排，我的生命反而造就了救人的福德，濟公師父讓我的受苦帶來了價值，幫助我啟動了這一分善念，就讓我心懷感恩的走入下一個輪迴吧。」，這是流浪狗的放下心情。

「原來濟公師父的教導是這個用意啊，如果執著不能殺生，那就沒有方法解救村民了？爲什麼我會執著在不殺生呢？」，聽故事的人，就能這樣去參悟自己的心情。

「殺生原來是爲了護生，世上的事情，並不只是能不能殺的問題而已，而是爲什麼要殺。」，這就是明白了動機。

與其執著在生命的不殺，更重要的是，如何修這一顆心的不殺，不妄動情緒，不妄動對人的憤怒殺機。

故事說完了，但是我們是否明白了濟公師父的苦處呢？

師父說：「你們知道如何融入角色了嗎？

爲什麼濟公師父要殺狗？

爲什麼種金針花的夫妻，覺得無所謂？聽到濟公師父被別人罵也無所謂？也不會爲師父說一句話呢？

當別人說我們的廟不好的時候，當別人說師父不對的時候，我們會不會爲廟、爲師父說一句話呢？

所以，你們要想想看，在過去跟隨師父曾經走過的路，曾經發生過的經驗，把思想融入自己的角色，就會明白師父要說的意義在哪裡。

就像殺狗的夫妻爲什麼感謝濟公師父呢？因爲他們的生意變好了，賺到錢了，但是後來濟公師父是怎麼引導他們修補福德呢？過去曾經得到師父幫忙生意的門生，他們又是怎麼做的呢？他們有明白自己該做的事情嗎？

師父這段日子以來所說的故事，都在告訴你們，要如何成爲濟公師父的門徒。

看看我們廟裡的門生，他們的慈悲表現在他們的言行之中，他們不會互相批評、不會互相攻擊，更不會看不起別人，他們的『不殺生』，就表現在他們的言行態度之上，而不是執著在『殺狗』這兩個字，你們就是要明白這樣的感受。

所以啊，你們要深入自己的角色，不然，這狗就白殺了。

要學著如何把師父告訴你們的故事，變成你們的生活法，用在你們的做人做事，試著想一想，如果你是這個角色，你會如何處理，你的感受會是怎麼樣？

聽故事的你們，每一個人都是故事裡的人物。

有的人聽了故事會說：『濟公師父怎麼可以殺狗啊？』，你們會用什麼心情回答他呢？

聽師父說，在佛教的確不能殺生，這對養狗的夫妻對濟公師父的批評並沒有錯，因爲他們是站在佛教的角度，但是如果是濟公道的門生，思想就要不同。」

有位門生問：「請問師父，所以濟公道可以殺生嗎？」

師父回答：「所以，濟公道說的是『功過相抵』，要明白動機。

故事裡，如果沒有殺狗的過程，這個村莊就要因爲瘟疫而滅村了。所以，你要爲了流浪狗而慈悲嗎？要讓村莊因爲你的慈悲心而發生瘟疫嗎？

佛祖是慈悲的嗎？不是的，佛祖是無情的，如果一個人不能自我啟動、如果不願意採取行動，那麼佛祖也無法救他。

如果一個人總是自怨自艾，總是自我憐憫，卻沒有自我啟動，這樣的人能夠成佛嗎？佛祖有任何方法可以開導他嗎？

『佛法無邊』，佛法就像遼闊無邊的大海，沒有一處可以讓你扶著的『邊』，你得要靠自己浮上水面，要拿出實力、要拿出努力，一位高僧想要得道，他一定要累積自己的修爲，如果一個人總是要靠別人養活他，這樣的人不可能成佛，他一定也要經過修戒、修定的過程，他才有可能成佛。

有心向道、有心成佛的人，他的慈悲心是在當下感受，這就是當初釋迦牟尼佛在菩提樹下開悟的境界，你們如果有心，就能在這個故事之中開悟。

當年六祖慧能，也是同樣受人誤會，在五祖把衣缽傳給他之後，他連夜逃走，有人就說六祖是貪圖權位，但是六祖眞的是爲了貪圖衣缽的權位嗎？

濟公師父殺狗，眞是爲了愛吃狗肉，爲了殺生嗎？」

一個人總是要經過修定與修戒的過程，才有可能成佛。

看見心不定的地方，才知道如何修一個定字，看見自己對於殺生的固執，才能夠放下固執，不會爲了別人的殺生而動氣。

看見自己動氣的地方，就要知道如何修一個戒字，不要輕易開口批評，更要看見自己的『不知道』，戒口、戒殺機，潛心學習。

修了定與戒，才能得慧，才能明白濟公活佛是如何沉移人世間，是如何用佛法改變人性，更能學會那不以常衆之現的佛法。

## 故事：父子連心

### 人心好比孫悟空

師父講過好多種的心，慈悲心、快樂心、計較心、比較心、嫉妒心……，說到心就有了許多種的樣貌，像是孫悟空有七十二變，變化無常，想去哪裡，就能去哪裡。

說到孫悟空，有一個重新解釋西遊記的說法，它說啊，西遊記不是一個冒險故事，而是一個修佛的過程，從頭到尾都只有一個唐僧，孫悟空其實就是唐僧的心，所以他千變萬化。所以爲什麼孫悟空一個筋斗能翻十萬八千里，卻不能帶唐僧去到西天，因爲心想去哪就去哪，但是身體還在這裡。

所以爲什麼孫悟空不管怎麼飛，也飛不出如來佛的五指山，因爲如來佛就是唐僧的信仰，所以唐僧經歷九九八十一劫的苦難，孫悟空打敗的那些妖怪，都是唐僧自己的心魔。

所以修心難。

師父說：「事出必有因。

一個人會幸福必有原因，一個人要是會難過，一定是因爲他的心，一切都是從心裡來，心要是打不開，疾病就要跟著來，爲什麼你的病會來呢？因爲你總是在想著自己的心，如果能夠無心，病就自然會好。

看重心，病就來，不看重心，病就去，一切都在你的心，你的心要如何走偏、走高、走低，都是自己作的主，都是自己可以做的選擇。

就像古佛說的，遊戲人生嘛，人生的感受都是一時的，不要認眞。」

不要把心情看得太重，有一首歌是這麼唱的：「心情親像一隻船，行到海中央；海湧浮浮又沉沉，就是阮的心情。」

就像在說，人的心情的高低起伏，只能隨著人生際遇的起伏高低改變，但是人的心情能不能不要隨著船兒高高低低呢？此刻如果你的心裡也響起了這一首歌，當你也跟著唱和的時候，你的心情是不是也感受到憂傷，彷彿自己也在那船上高高低低呢？

但是停下來吧，當你的孫悟空飛到狂風暴雨中受苦受難的時候，我們的人其實好好的坐在這裡，何不回到當下的這一刻。

人生的處境，本來就是有時好有時壞的一個過程，過去的苦，不是當下的苦，明天的憂愁，未必眞的就是憂愁，不妨轉換一個角度，欣賞自己當下的努力過程，欣賞自己是怎麼改變人生。

事出必有因，一切原因都在自己的心。

師父說：「話說有一位濟公師父，來到一處野外的牧場，牧場中有一對父子，這對父子每天都辛勤的放羊、養雞、養牛，在牧場的門口還有一匹馬，說到這對父子，讓人好奇的是，爲什麼沒有看見做母親的，而這做兒子的也還沒有娶妻。

濟公師父走進了牧場，一開口就說：『喂喂喂～～，這隻馬可以抓來殺嗎？』，哎呀，這個濟公師父又來了，上次才殺了狗，這次又說要殺馬。

如果你是這位做父親的，而這匹馬又是兒子帶回來的，你要如何回答師父的問題呢？你要先想一想，你認不認識濟公師父，或者你是不是聽說過濟公師父的名聲，如果你原本就堅持相信濟公師父，你會怎麼回答問題呢？

每個人都想一想，等一下回答師父。」

當師父問到一位門生時，他有些緊張，一直想著答案，還沒有來得及回答，師父就舉起了扇子拍了拍他的頭說：「放輕鬆聽故事啦，這麼緊張，是在準備考大學喔？」，大家都被師父的話逗笑了。

師父說：「和別人應對說話，有時只要輕鬆帶過就好，不要定格在原地不動，定格會變成什麼呢？會變成『白目』哦，如果再嚴重一點，會變成目中無人。

所以，輕鬆一句話帶過就好，不要定格。」，師父這時停了一會兒。

師父又問：「所以被別人說『白目』有什麼關係嗎？有需要生氣嗎？別人不管說什麼，也不會影響到我啊，嘴巴是他的，聽是我的，只要我們不要動我們的心，不要把別人的話聽進心裡去，我們今天有什麼好氣的呢？這樣的人生，不是比較快樂嗎？何必爲了別人一句話，而要忙著做牛做馬呢？就因爲別人的一句話，我們就一定要努力成爲別人的榜樣嗎？什麼都要做嗎？這樣的意義在哪裡呢？我們的人生又是在哪裡呢？

就像濟公師父在這裡，師父雖然是神佛，師父也會喝酒，師父也會說一些難登大雅之堂的笑話，要是在佛教可以這麼說嗎？

但是師父說的話，也是有道理啊，相信師父的人自然相信，不信的人就是隨緣，至於別人要怎麼說，他的口德就看他是如何修心修口，他的福德就在自己的一念之間。

明白嗎？所以，要知道該把你的心放在哪裡，這樣才會快樂。」

如果事事都要符合其他宗教的標準，那麼濟公師父要如何顛顛笑笑遊戲人間呢？如果濟公師父總是正經八百的說話，濟公師父的故事又要如何演下去呢？凡事先要看到自己，心的當下在何處，心情就在何處，

所以，觀照自己此刻的心情如何，就知道自己的心飄到何處去了。

師父說：「所以別人處處計較，我們有計較嗎？我們沒有計較。所以別人處處感受，我們沒有感受，我們要懂得享受。只要懂得享受這一刻的感受，心的感覺就會不一樣。

好吧，回到故事裡，這時父親要怎麼回答呢？難就難在，這匹馬對兒子的意義重大，而且兒子本身也是修佛的人，對於濟公師父還沒有那麼堅定的信仰，所以做父親的，還是要考慮兒子的心情。

父親這時回答：『濟公師父啊，我一直跟隨著師父到現在，既然師父這麼說，我一定會做到，等我和兒子說。』，於是把兒子叫來，說明了濟公師父的要求。

兒子激動的回答：『這怎麼可以！如果是要殺羊，我一句話也不會說，但是上次我在山上迷了路、又跌入山溝，是這匹馬把我救回來的，我怎麼可能答應。』，兒子的心中對濟公師父起了反感，說到這個濟公師父啊，不知道他是哪根筋不對啊，還是故意白目，才剛來就要人家殺這匹馬，是不是很糟糕啊？

兒子說：『哎呀，這位濟公師父怎麼是這個樣子啊？佛中之人，不守清規，穿起袈裟，不守禮數。』

父親出來打圓場說：『濟公師父啊，不如這樣吧，您先在這裡住幾天，我殺一隻羊招待您，殺馬的事情晚點再說。』，濟公師父就答應了父親的邀請，住了下來。

於是，濟公師父就花了許多時間，與父親談天說地，說佛談道，說得父親對於修行心生嚮往，他決定立地成佛，馬上要開始吃素，眞奇怪啊，這個做父親的開始要每天吃素，偏偏濟公師父每天要吃羊，眞是奇怪啊。

雖然父親說要吃素，但是連著三天，父親爲濟公師父殺了三隻羊，不過，每次夜裡濟公師父都會要他們把一隻羊腿吊在牧場邊的樹上，更奇怪的是，隔天早上，這隻羊腿就不見了，這是爲什麼呢？你們知道嗎？」

大家猜猜看啊。

## 父親的覺醒

師父說：「到了第三天晚上，連吃了三天的羊肉，濟公師父說：『不能再等了，明天師父一定要吃到馬肉。』

這父親想了又想，終於對兒子說：『兒子啊，你就答應父親的請求吧，只要明天殺了這匹馬之後，父親答應以後都不再殺生了。』

兒子原本就是修佛的人，他的心中有佛，從小修習佛家的思想，雖然是在牧場長大，雖然父親總以殺生維持家裡的生計，但是兒子是不願意殺生的，聽了父親這樣的請求，他也不得不答應父親。

但是你們想想，一邊是父親的請求，想要成全父親立地成佛的心願，這原本是件好事，但另一邊，這匹馬又是你的救命恩人，要殺牠實在是於心不忍，在這樣的時候，你要怎麼辦才好呢？

左右為難的兒子，心中三心兩意的反覆想著，到了半夜，他忽然醒了過來，你們猜猜，他爬起來是要做什麼？兒子其實是半夜內急，所以起床上個廁所，這時好像想起了什麼，他走到馬廄去看他心愛的馬。

他一邊不捨的摸著馬的鬃毛，一邊三心兩意的想著明天要殺了馬的決定，就這麼心念游移之間，他忽然想通了，他對馬兒說：『馬兒啊馬兒，你過去救了我一命，現在我已經不能再繼續照顧你了，因為濟公師父說要殺你，我父親也說殺了你之後，他就要放下屠刀改吃素了，但我實在是不忍心，所以，我只能決定放你走了。』

於是，這匹馬長嘶了一聲，於是這匹馬一邊流著眼淚，一邊又四步併做兩步的往遠處奔跑，就這樣消失在眼前，這匹馬自己也知道，再不走就要在劫難逃了啊，因為濟公師父說要殺牠啊。

隔天一早，濟公師父大喊說：『哎呀，馬跑哪裡去了啊？』，這父親也跟著喊了起來：『馬怎麼不見了，今天才準備要殺了牠的，這下子該怎麼辦呢？』

濟公師父說：『不行不行，今天就是要吃這匹馬，你非得要帶著兒子一起把馬給找回來不可，順便帶著師父一起去吧，不然師父自己在這裡也是無聊。』

父親本來就聽濟公師父的話，而這兒子又是個孝順的人，於是三個人就準備了糧食、行李出發了。

就在三個人尋找這匹馬的時候，這匹馬已經跑啊跑的，跑了足足有千里之遠，這時這匹馬忽然變成了千里馬了，實在厲害，人家說千里馬啊，就要找伯樂。

這千里馬來到附近的一座深山之中，就開始慢慢的走著走著，卻在野外遇上了一大群人，大約有兩三百人，雖然他們看似在流浪，但是每個人都相當的健壯，看起來不是普通人，這一群人其實已經在山中迷路了好幾天了，他們看到馬非常的高興，因爲終於有東西可以吃了，

你們看看，這匹馬還是難逃一死啊，就在他們準備要動手抓馬的時候，是誰出現了呢？」

「濟公師父！」

師父哈哈一笑說：「聰明啊，就在這個時候，遠遠有個聲音喊道：『刀下留馬啊～～～～』，果然是濟公師父來到了，也不知道濟公師父是怎麼辦到的，竟然追得上這匹千里馬的腳程。

不等濟公師父走到，心急的兒子已經自己先衝到了人群之中，大喊道：『等一下等一下，這是我的馬啊，不可以殺牠，你們要是殺了牠，不只是你們，連我們三個人都會走不出這座大山啊。』

這群人說：『但是我們已經好幾天沒吃飯了，再不吃點東西我們都要餓死在這裡了，哪還顧得了那麼多呢？』

就在談話之間，濟公師父和這父親終於趕到，濟公師父聽見他們爭執的對話之後，就說：『來來來，這裡有糧

食，你們先拿來分著吃吧，如果還是吃不飽，眞還想要殺馬再殺吧。』」

眞是奇怪啊，原本濟公師父是爲了殺這匹馬才帶著父子二人追了出來，爲什麼到了這裡反而又護著這匹馬呢？他是眞的要吃這匹馬嗎？

師父說：「說也奇怪，他們帶來的糧食經過濟公師父的手勢一比劃，竟然足夠餵飽這兩三百人，這些人吃飽後，開始覺得口渴，但是他們帶來的水也已經喝完了，大家開始商量要怎麼辦才好。

這兒子開口了：『這樣吧，當初我在這座山裡迷路的時候，就是牠帶我去找到水源的，如果牠能找到水源，可以解救大家的性命，你們就要放過牠，別再想要殺牠。』，這群人都同意了。

於是兒子對馬說：『馬兒啊，爲了你的性命著想，趕快帶我們去找水源吧。』

這匹馬彷彿聽得懂人話，又嘶叫了幾聲回答，就開始帶著衆人找路，牠奔跑了十幾分鐘之後，果然大家都聽到了流水聲，找到了水源，衆人眞是高興，拼了命的喝水。

這群人吃飽喝足了，你們說，他們還會說要殺馬嗎？當然不會，他們都對這匹馬有了感恩的心，於是兒子開口了：『濟公師父啊，馬兒救了大家一命，現在師父還會說要殺了我的馬嗎？』

濟公師父反而問在場的衆人說：『你們還想要吃馬肉嗎？』

這群人回答說：『當然不會啊，牠對我們有救命之恩啊。』

濟公師父笑咪咪的對這兒子說：『是了，師父也同樣受到這匹馬的恩情，師父當然也不會再提殺馬的事了，這樣吧，你的父親昨日說只要殺了馬，他就要立地成佛，那就把你們牧場的二三十隻羊都殺了，我們一同回去吃羊肉，你說好不好啊？』

一旁的父親聽到濟公師父的話，他的心卻抽痛了一下，他突然覺醒了。」

就在這個時刻，父親的心竟然因爲濟公師父說要殺羊而覺醒了，他要開悟了嗎？好不容易解了兒子的擔心，現在又輪到父親的心在痛了，果然是父子連心啊。

## 兒子的心

事出必有因，每一個人當下做的事情，都有其原因，人生最難的，就是一個不知道，我們無法知道別人的原因是什麼，就像別人也不會知道我們的原因。

師父說：「濟公師父說要回去把牧場所有的羊都殺來吃，父親這時覺醒了，他心裡想著：『那二三十隻羊是我辛辛苦苦養大的，師父現在卻說要全部殺來吃，我雖然有心要立地成佛，我也想要把羊送去賣一些錢啊，總不能這麼白白送人吃呀，如果是這樣，那我不想要成佛了。』，雖然他的心裡這麼想，但是一時間卻開不了口。

想不到他的兒子卻是滿口答應的說：『好！那就回去

牧場吧，我父親一定不會有第二句話的。』，兒子代替父親答應了這個要求。

這時，父親臉一沉，鐵著一張臉，說明了他心裡的不情願。你們看這父親是不是很奇怪啊，信濟公師父信到最後，竟然變成這樣的心情。

於是所有的人就出發回去牧場，有趣的是，原來對濟公師父心生反感的兒子，這時，反而對濟公師父產生了好感，原來是出來找馬的這段時間，他聽濟公師父講了許多的佛法。

有一次他們來到一朵花前，濟公師父說：『你看這一朵花，如果你不摘它，它明天會開得更美，如果你摘了它，也許你會覺得開心，但是等你回去，這花就枯萎了，問題就在於，你的心態是想要讓它更美、可以傳宗接代，還是要爲了私人的慾望把它摘回去呢？

所以你要明白動機，做每一件事都有他的功與過。』

又有一次，有一隻蝴蝶翩翩飛過，濟公師父說：『你看這隻蝴蝶，牠是從一隻毛毛蟲開始，吃葉子長大，當牠把一棵樹的樹葉吃掉大半之後，剩下的樹葉如果因此枯萎，如果這時有災難來臨，這棵樹也許就會因此枯死。

你看，這隻蝴蝶爲了自己的成長，你認爲在天地之間，這件事的其中是不是有功與過呢？有沒有因果呢？』

在這段時間，濟公師父就不斷對兒子講述佛法，這兒子聽著聽著，也不禁讚嘆說：『哎呀，濟公師父果然有來歷啊，但是，這樣有修爲的濟公師父，爲什麼會說要殺我的馬呢？爲什麼呢？

像濟公師父這樣一位得道的高僧，師父說出來的道理總是在佛法之中，爲什麼師父所做的事情，與我認知的佛法完全不同呢？』，這兒子的心裡不禁有了一個問號。

但是經過這次的事件，兒子從父親的神情看得出來，父親並不是眞心的想要立地成佛，所以兒子有心要幫助父親，他準備一回去就要把羊都殺了給衆人吃，希望以後可以和父親兩人一起跟隨濟公師父修習佛法。」

明明兒子也是修佛的人，爲什麼兒子會說要殺羊呢？怎麼可以像濟公師父那樣殺狗又殺馬啊？修佛的人可以這麼做嗎？原來兒子是爲了讓父親可以下定決心，立地成佛，這也是一種功過相抵，這也是做兒子的一片孝心。

就好像蝴蝶雖然爲了自己成長，可能會枯死一棵樹，但是牠日後幫助花朵授粉，讓更多的樹木、花朵繁衍後代，生生不息，對於蝴蝶來說，這也是一種功與過的相抵，對於這棵枯死的樹木來說，它也間接成就了更多的樹木繁衍，這也是一種功德與因果。

人生中最不容易的，是能夠看到每一件事的過往與未來之間的因與果、功與過，但是師父用故事演了出來，演了什麼呢？就是古佛所說的，「不知道」，原來在人生之中，有那麼多我們不知道的事情，師父卻用故事都演了出來。

所以不要輕易的評斷事物是好是壞，對於那些無法改變的人事物，我們可以保持善念，保有對於未來的無限期

待，因爲人事物的轉變就在一夕之間、就在一念之間，當下只要處理它，面對它，放下它，等著它的明日變化，

學學濟公師父是如何輕鬆的看待眼前的結果，與師父一同遊戲人間，話說，父親眞的是捨不得那些羊嗎？不知道啊。

## 往日情

在你的心裡，有沒有什麼回憶能讓你牢記到現在呢？是快樂，還是痛苦的回憶呢？

師父說：「你們會不會像故事中的父親一樣，原本是傻傻的做起，卻有一天忽然覺醒，不再傻做了呢？在兒子答應了濟公師父之後，儘管父親心裡一百個不願意，這一大群人還是一起回到了牧場。

說到這兩百多個浪人，他們其實是喬裝了原本的身分，這群人的眞實身分是一群奇兵，原本準備要上戰場打仗，卻因爲他們的嚮導發生了意外身亡，在沒有人領路的情況下，才會在山中迷了路，幸好遇到了濟公師父讓他們可以塡飽肚子，又有這匹馬可以引路，所以他們就一同回到了牧場。

當一行人終於回到牧場時，他們赫然發現三十幾隻羊幾乎都死了，只剩下兩隻羊還活著，仔細一看，每一隻羊的脖子都被咬了一個很大的傷口，而且內臟也都被吃光了。

這對父子看了眼前的景象，都看傻了眼，而濟公師

父看了之後呢？濟公師父看到了這個慘狀，就準備褲底抹油，這是什麼意思呢？不是腳底抹油喔，腳底抹油是要逃跑，濟公師父怎麼可能在這個時候逃跑啊。

褲底抹了油啊，就表示這個人在椅子上坐不住了，要站起來採取行動了，要準備應戰了，一旁的奇兵，忽然發現了外面的動靜，都提高了警覺，哎呀哎呀～，緊張的時刻來到了。

『嗷嗚～～～～嗷嗚～～～～～～～～～～』，在牧場四週出現了七、八十隻的野狼，原來打從濟公師父來到牧場的第一天開始，這群狼就一直在觀察牧場的動靜，先前濟公師父掛在樹頭的羊腿，就是被狼吃掉的，這是濟公師父爲了安撫這一群狼，讓狼群多少有點東西吃，才好延後狼群攻擊牧場的時間。

等到濟公師父一行人出門找馬，牠們發現牧場沒有人看守，牠們立刻就發動了攻擊，要不是有這一群羊餵飽了這一群狼，否則下一個攻擊的目標，就會是鄰近村莊的人們了。

父親這時眼淚流了下來，他的眼淚是爲了什麼呢？父親說：『想當年，我們一家三口一起放羊，我的妻子就是被狼給咬死的，那時牠們也像今天一樣，把牧場所有的羊都給咬死了，這些年來，我一直想要爲妻子報仇，但是憑我一個人的力量，又談何容易呢？就算是猛虎也難敵猴群啊，更何況又是那麼多隻的狼。』」

原來啊，當濟公師父說要一口氣把三十幾隻羊全部殺掉的時候，勾起了父親當日的情景，他想起了自己的妻子，想起了對妻子的捨不得，所以才會心中充滿了糾結，甚至想要放棄對濟公師父的信仰。

父親心中的苦，又有誰知道呢？濟公師父知道。

師父說：「這時，奇兵們對父親說：『別擔心，這群狼就交給我們處理吧。』，

戰鬥原本就是奇兵們的專業，奇兵們有的兩人一對、也有的三人一組，或是五人一隊，衝鋒陷陣的殺入狼群之中，不久，狼群全數都被順利殲滅了，這樣的結果讓父親感到萬分歡喜，更是感謝這一群奇兵，於是準備殺了剩下的羊來款待他們。

就在這時，父親又一眼瞧見那一匹馬獨自站在一旁，父親臉上的表情有些異樣眼光，好像有什麼想法在琢磨著。

你們說，這匹馬會九死一生嗎？」，什麼？都到了這個節骨眼，難道這匹馬還是難逃一死嗎？大家聽得不禁有點緊張了起來。

師父哈哈大笑，說：「沒有啦，父親是走過來對馬兒說：『馬兒啊，感謝你，不用擔心，我不會殺你的。』，這匹馬兒也捏了一把冷汗啊。

事情終於告了一個段落，父親與兒子都喊著：『濟公師父啊，謝謝你完成我的願望啊，師父你人在哪裡啊？』，

他們總算都明白了濟公師父一路這麼安排的用意，

但是濟公師父早已不知在何時，就已經腳底抹油不見人影了。

說到這個父子連心的故事，當年媽媽就是爲了保護兒子，才會被狼群咬死，濟公師父爲了完成父親的心願，也爲了要牽引父親修道的緣分，所以濟公師父才會藉由殺馬這一個『因』，造就了今日的『果』。

這個故事是在告訴我們，今日我們的所做所爲，今日一個人爲了什麼要立地成佛，今日爲什麼一個人會覺醒，爲什麼他會怨恨，爲什麼他放棄自己的宗教信仰，不再願意奉獻付出，這其中都有一個『因』啊。

沒有『因』，哪來的『果』呢？如果沒有結果，又哪來的成就呢？所以人生總是在一個『磨』字之中。」

人生總在一個『磨』字當中，錯誤重來，但是如果沒有這一個磨，又哪裡來的悟？

悟，就是吾心，看見了我的心，看見自己的磨，看見自己的錯誤是如何重來，然後明白一切的因果其實都是從吾心開始的，然後知悟。

爲什麼修心難？佛家說的攀緣心，這顆心總是攀附外緣，就像是猴子攀爬其他樹的枝條，不斷的跳躍，最後忘了自己的初衷在何處。

已經是幾十年前的回憶，就算記憶已經模糊，就算那記憶是一場錯誤，即使是我們的誤解，當年的我，卻能夠讓當下的我，失去了現在的信仰初衷，更失去了現在的快樂，這是不是一場磨呢？

過去曾受過的折磨，過往曾經有過的不甘心，從前那些放不下的心情，都會讓這隻孫悟空在過去與現實之間來回，讓唐僧再也無法繼續前進。

什麼是因果？

心即是因，當下人生即是果。

## 遊戲人間

說到『修行』兩個字，許多人都會聯想到寺廟、道觀、宮廟的地方，不過修行這件事，其實沒有那麼遙遠，就像我們來到我們的廟裡拜拜是一種修行，但是，當我們回到家裡，也同樣是在修行。

如同師父說的，什麼是佛法，就是活法，就是生活的方法。

師父說：「師父爲什麼要說這個故事呢？

爲的是要讓你們明白，追求佛法的人，相信佛法的人，到後來，他會覺得後悔，爲什麼？

因爲他沒有自己親身去體會、感受，他沒有自我啟動，他沒有讓佛法融入自己的生活之中，沒有改變生活的方法。

就像故事中的父親，到了最後，他終於回歸了信仰，而且是完完全全的相信，爲什麼呢？因爲他的心願終於達成了，但是他不是信濟公師父，而是相信佛法，因爲他發願不再殺生，他也開始講經說道，那是因爲他有了經歷感受，明白了佛法的原理，他要讓這一生能夠了緣。

至於兒子，他看到了父親與濟公師父一路走來的過程，所以他也跟隨父親的腳步。

而那兩百多位奇兵，他們在除去狼群之後，覺得自己做了一件好事，雖然經歷了迷路、差點餓死的難關，但是大部分的人都只是一時的感受，其中有兩個人會在度過難關的感受中，想通了人生的道理，至於其他人，還是過著原來忙忙碌碌的生活。

畢竟啊，迷路、受挫只是一時的痛苦感受，這些人最後還是回到了原本單調、沒有感受的生活，就像你們現在過的日子一樣，沒有感受。

何必呢？何必一定要讓自己的錯誤重來，這就是古佛說的啊，遊戲人間，一個不斷錯誤重來的遊戲。」

追求佛法，就要明白自己的活法。

改變這一條路，爲什麼容易讓人放棄？因爲體會感受還不夠深刻。

就像是騎腳踏車，大部分人都會騎，而且學會之後就不會再忘記，就是因爲身體已經牢牢記住了那個平衡的感受，因爲當初摔過、痛過，而且堅持過，所以一輩子也忘不了。

如果濟公師父不說這個故事，我們就不會明白學習過程中，可能遇到的阻礙與不安。

在學習道理的過程中，在自己做起的過程中，我們都會因爲一時的跌倒，而想要退縮，也可能因爲一時心裡的情緒，而想要放棄，所以更要仔細的記住心裡的感受。

記住感受，就算我們的心念因爲一時情緒，飛去了很遠的地方，這感受會提醒我們，身體還在這裡，可以及時把心叫回來。

好像打坐的過程，就是不斷的專注感受、分心、再回到專注感受、又分心，沒關係，再回到專注感受，就是不斷練習這個過程，然後我們的意志就會堅強了。

阻礙與不安，是一定會遇到的過程，因爲這也是遊戲的一部分，錯誤的重來，也是遊戲的一部分，每個人都一樣。

不管心飛去了哪裡，要記得當下感受，回到自己的當下，回到自己的遊戲。

## 故事：濟公賣魚

### 五文錢的債務

師父說：「有一個人名字叫阿呆，他從小就以養魚維生，是一個相當善良的人，他的魚總是賣得比別人便宜，如果看到有人經濟困難沒飯吃，總會把自己養的魚送給他們吃。

在阿呆家的隔壁，住的是他的叔父，叔父也是一樣做養魚的生意，但是叔父養的魚又瘦又不好吃，不像阿呆的魚，總是又大隻又肥美。

每次阿呆要去賣魚給批發商，這叔父也跟著一起去，叔父的魚品質比較差，一隻只有六錢的價值，但是阿呆的

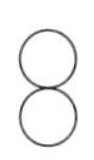

魚卻可以賣到八錢一隻，於是叔父假意好心要幫阿呆賣魚，讓阿呆去一旁休息，叔父把自己的魚和阿呆的魚混在一起賣給批發商，價格喊到了一隻八錢。

但是每一次賣完，叔父都告訴阿呆說，阿呆的魚只賣了一隻一錢，阿呆聽了也只是笑笑沒有說什麼。

這個時候，濟公師父經過，大喊了一聲：『阿呆啊～』，阿呆聽見有人在叫他，抬頭說：『師父好啊，等一下我抓兩隻魚煮給師父吃。』

濟公師父說：『哎呀，今天晚上有魚可以吃了』，阿呆就抓了兩隻魚，一隻拿去清蒸，一隻拿去火烤，晚上和濟公師父邊吃邊聊天。

濟公師父吃著吃著，就說：『哇啊，你最近賣魚賺不少錢吧，現在魚的行情價可以賣到一隻八錢啊。』

阿呆很訝異的說：『師父啊，我的魚一隻才賣一錢而已，怎麼能夠賣到八錢呢？如果能賣到八錢，我就不用做得這麼辛苦了。』

濟公師父說：『不是吧，市場現在的收購價格是一隻八錢，轉手賣出去的行情可以到一隻一兩啊。』

阿呆說：『怎麼會這樣呢？我的叔父告訴我，我的魚一隻只能賣一錢啊，叔父從小照顧我長大，他不會騙我的。』

口頭上雖然這麼說，但是阿呆不禁想著，濟公師父說的話到底是不是真的呢？他會不會懷疑濟公師父說的話呢？而阿呆敢去問他的叔父嗎？當然不敢，因為他從小被叔父壓迫成習慣了，他不敢開這個口。

阿呆的腦袋實在不知道怎麼辦，乾脆不想了，他問濟公師父：『師父啊，在河的對岸魚市，有個陳老闆，他欠了我五錢，一直都沒有還我，他要我去跟他收錢。

問題是，坐船過去要兩錢，坐船回來又要兩錢，這一來一回就花了我四錢，如果再吃頓飯兩錢，我為了收這五錢，我自己還要倒貼一錢，師父啊，可以幫我拿個主意嗎？』

你們說，師父會不會帶他去收債啊？覺得會的人舉手。」

結果，包括我在內的不少人，都覺得不會，因為這是賠錢生意啊。

師父說：

「哎呀，那你們就太不了解濟公師父了，師父常常在做賠錢生意啊，濟公師父說：『阿呆！說到賺錢就是在商言商，欠我們的錢就是收回來，不管會不會虧錢，就是不能讓別人欠著，明天師父就帶你去討錢。』

隔天一大早，濟公師父就帶著阿呆出門了，但是阿呆算了一下，一個人出門來回連吃飯要六錢，再加上濟公師父就要十二錢了，阿呆這時哭喪著臉說：『濟公師父，可不可以不要去～～，只是為了收這五錢，我卻要花十二錢的成本啊。』

濟公師父說：『一定要去，這是面子問題，不去的話，人家會以為我們連收貨錢的本事都沒有，怎麼可以這樣被人看輕，走！』

阿呆只好跟著濟公師父去了，坐了船之後，來到了漁港，漁港邊有許多賣魚的攤子，濟公師父就指給阿呆看說：『你看他們在賣海水魚，去問看看他們一隻賣多少錢吧。』

阿呆問了之後，回來跟濟公師父說：『哇，那個老闆說一隻要賣一兩啊，我的魚才賣人家一錢而已，我賣了那麼多魚，實在是阿婆炊粿，倒貼啊。』」

師父常說這句台語俚語：『阿婆炊粿』，意思是說，老婆婆因爲年紀大了，體力不好，所以炊粿的工夫沒有以前好了，炊出來的粿容易倒塌，在台語讀起來和倒貼的讀音相同。

師父說：

「濟公師父繼續帶著阿呆往前走，來到陳老闆的店裡，陳老闆熱情的說：『阿呆啊，你來收帳啊，來得正好，我這裡有一個很熱門的攤位，正要租人，我看你的魚賣得不錯，你不如租下這個攤位賣魚，一天算你五兩就好。』

阿呆說：『我哪來的時間顧攤位啊，我不想要租啦，今天主要是來收你上次欠我的五錢。』

陳老闆實在不是有心要欠錢，只是沒時間處理，他馬上就把五錢還給了阿呆，又多勸了阿呆一句：『我告訴你啊，現在魚的行情正好，你與其批魚給別人賣，不如自己拿來賣，還賺得比較多啊。』

問題是，阿呆哪來的時間啊？如果是你們，你們會把攤位租下來嗎？雖然價格不錯，但是一天要花五兩的租金，到底賣不賣得出去也不知道。

阿呆想了又想，就跟濟公師父說：『師父啊，我看剛剛我問的那一攤魚，雖然他的魚價很好，可以賣到一兩，但是我看都沒有人買啊，也只有我去問價格而已，眞的要租這個攤位嗎？』

沒想到，濟公師父很爽快的說：『沒關係沒關係，你就把攤位租下來，師父幫你顧！師父幫你賣魚！』

阿呆心裡暗暗的想說：『哎呀，師父當做我眞的是阿呆喔，讓一個和尚去賣魚，我眞的有那麼傻嗎？一天要花五兩的成本，到底能有多少利潤也不知道，讓和尚賣魚，別人敢買嗎？』

阿呆這麼猶豫著，濟公師父就催促他說：『啊呀，不要緊啦，你就去做吧，先付五十兩的租金啦，師父一定幫你把魚賣光光的啦。』

阿呆跟著濟公師父邊走邊討論，一直下不了決心，濟公師父就說：『不然這樣吧，我們去等船，順便看個風景。』

去到港邊，阿呆又注意看了一下魚攤的生意，『咦……還是沒有人來買魚。』，照理說，應該會有人來買魚啊，爲什麼沒有人來呢？

因爲這時候是大中午的，當然沒有人來，今天這樣的日子要等到下午才會有客人來買魚，就這樣，等阿呆和濟

公師父離開港口之後，大批的客人坐著船來買魚了，魚販的魚一下子就賣光了，所以這純粹是時間的問題，

然而阿呆沒有看見那些買魚的客人，他的心裡很擔心，濟公師父見阿呆下不了決心，就拉著阿呆回到了陳老闆那裡，濟公師父直接說：『好！我們把攤位訂下來了，就從明天開始賣，先租個十天就好，我們現在沒帶錢，先讓我們賣一天，隔天再把五十兩租金給你吧。』，就跟陳老闆說好了約定。

阿呆連忙要阻止濟公師父：『師父，別這樣啦，我要怎麼辦啊。』，濟公師父不理他，就把阿呆帶著坐船回去了。

阿呆滿腦子都在想：『啊，五十兩，這麼大一筆錢，萬一賺不回來怎麼辦？我批發魚的生意就做得好好的，爲什麼要自己來賣魚啊？』

如果是你們，你們會不會擔心呢？」

沒有想法的阿呆，這一路都是被濟公師父半推半就的做了決定，因爲他看不見日後的轉機，當然只能被濟公師父一路推著走。

或許有些人剛開始跟隨師父時，也是像這樣子，明明看起來像是沒有機會成功的路，爲什麼師父要我們去走呢？爲什麼賠錢的生意，師父還要我們去做呢？

憂心忡忡的阿呆，接下來要怎麼辦才好呢？

## 阿呆的煩惱

人的煩惱是怎麼來的呢？有許多煩惱，是因為『看』而來的，因為自己看得不週全，太過於相信自己的眼睛，卻不知道自己還有許多看不見的事、看不見的轉機，所以不願抱著希望。

師父說：「回到了阿呆家裡，阿呆是越想越憂愁，濟公師父就拍拍阿呆的背說：『哎呀，不用擔心啦，一切就交給師父就好了，那……，你再抓兩隻魚煮來吃吧。』

『好啦。』，阿呆有氣無力的回答著。

一邊殺魚，還是一邊煩惱的阿呆，答應了陳老闆的事又不能反悔，人家也講信用把五錢還給自己了啊，早知道就不要跟濟公師父說了，花了十二錢去收五錢的帳，現在又要多花五十兩租一個不知道好壞的攤子。

這個時候，隔壁的叔父來了，他說：『阿呆阿呆！明天魚要出貨了，你的魚可不能賣給別人喔，你要是賣給別人，以後我就不收你的貨了。』，叔父就是想要壟斷阿呆的魚貨。

阿呆跑去告訴濟公師父：『師父，我要怎麼辦？叔父警告我不可以把魚賣給別人啊，不然他以後不收我的魚了。』

濟公師父一臉輕鬆的說：『不用怕啦，不出十天你的魚就會全部賣光了。』

這個阿呆心想，哪裡會有這好的事情呢？這一晚他失眠了，煩惱得睡不著。

隔天一早，濟公師父交代阿呆說：『阿呆啊，早上你先送一車的魚過去，然後，下午四點再送五車的魚過來，一車兩百隻魚。』

阿呆一算，這總共要一千兩百隻魚，這麼多的魚要是送了卻沒賣出去，這魚也不可能再收回來了，到底要做還是不要做啊？這個時候到底要相信濟公師父，還是要把貨出給叔父呢？

你們看，阿呆到了這時候，也只能硬著頭皮把魚送出去，你們要去體會一下他的心情是什麼，試著融入他的角色。

『啊，沒辦法，本錢砸下去了，不繼續做下去還能怎麼辦？』、『最後我的財產會不會全部都沒有了？』，阿呆的心聲大概就是這個樣子。

奇怪耶，濟公師父反倒開心得不得了，『哈哈，等一下我要去賣魚了啊。』，看著船上那一車的魚，濟公師父索性跟身邊的乘客打起廣告來了，『欸欸，這位先生，等一下來跟我買魚啦，我這魚好吃啊。』、『這位小姐啊，等一下來買我的魚啦。』，這小姐心想：『和尚怎麼會來賣魚？我才不要買。』

濟公師父就一個一個乘客去打招呼，如果你是乘客，你會不會買呢？

說到這兒，賣魚的人是不是也要殺魚？那濟公師父可以殺魚嗎？阿呆忽然想到這個問題，他問：『對了，等一下客人如果買了魚，師父要幫客人殺魚嗎？』

濟公師父理所當然的回答：『當然要殺啊。』，阿呆一聽，心裡更慌了：『這下子完蛋了，穿著濟公衣服的人在殺魚，這樣子我的魚賣得完才奇怪啊。』

濟公師父這時就找了一個名叫阿濤的人問：『這位小哥，你是做哪一行的啊？你會不會拿刀殺魚啊？』

阿濤說：『我平常是幫別人切菜的，刀子只要夠利，切什麼都一樣，殺魚當然不是問題。』，他剛好最近被老闆辭退，正在四處找工作。

濟公師父說：『這樣吧，你等一下跟師父走，在師父的攤子旁邊掛個牌子：『代客殺魚』，殺一隻魚收一文錢。

聽說可以收一文錢，阿濤有點嚇到：『師父你別開玩笑了，殺一隻魚就要跟人收一文錢，這些客人又不是傻瓜。』

濟公師父說：『你別管，反正有人找你殺魚，你就收他一文錢就對了。』，聽到這段對話，船上的乘客們都開始議論紛紛，大家都不看好濟公師父能把魚賣得出去。

去到攤位，濟公師父就把魚擺好，準備開始做生意了，旁人都在跟著看熱鬧，因爲沒看過和尚賣魚啊，濟公師父開始叫賣了：『賣魚啊，賣魚啊～～』。

有個好奇的人來問：『師父，這一隻魚多少錢啊？』

濟公師父說：『一兩二。』，這人一聽就不高興了，』別人賣一隻魚一兩，你怎麼賣這麼貴啊？會不會做生意啊？』

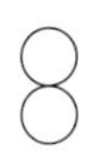

就這樣，濟公師父叫賣了一個多小時，都沒有人來買魚，阿呆這時看不下去了，他說：『師父啊，我看我先回去好了，還好另外五車魚還沒送來，我看今天這一車魚就認賠好了，師父您繼續忙，我先走了。

眞是倒楣，昨天請師父吃一隻魚，今天就賠了一車魚，無緣無故還要賠上五十兩，眞的是倒楣啊，本來生活平安無事的，遇到濟公師父之後，害我賠了這麼多錢。』，阿呆就這麼唉聲嘆氣的回家去了。」

阿呆前一天沒有看到魚販把魚賣光的結果，他還以爲濟公師父也會像昨天的魚販一樣，一條魚也賣不出去，濟公師父也是故意讓阿呆這麼以爲，這又是爲了什麼呢？

我們也許看得到眼前的結果，但是看不到它的原因，雖然看得到現在的樣貌，卻看不到明天的改變，眼見不能爲憑啊。

執著眼前的結果，往往限制了我們的想像和視野，就像是孩子今天書沒讀好，就會以爲他日後就不會有好的成就，就像是今天被老闆罵了，就會以爲從此我們就黑掉了。

其實因緣都有個空性，只要種下善因，就可能有善的因緣改變，諸行無常，每一件事的未來都有改變的可能，世事沒有絕對的好與壞，只有動機的明白與不明白。

接下來，濟公師父又要出什麼招了呢？

## 阿呆的呆

到目前爲止，阿呆自己眼睛看到的現象，都在告訴他，賣魚的生意做不得啊，接下來阿呆的心情會有什麼轉折呢？

師父說：「也不知道是巧合還是刻意的安排，阿呆前腳才剛走，濟公師父就換了叫賣的方式，濟公師父這麼喊著：『我是靈隱寺的濟公活佛，今天到此，賣魚！師父的魚，叫做功德魚，一隻本來賣一兩二，現在漲價了，一隻要賣二兩！』，濟公活佛的名號在當地是無人不知、無人不曉，濟公師父這麼一喊，風聲很快就傳開了。

『喂喂！靈隱寺的濟公活佛來這裡賣魚耶，趕快來去瞧瞧。』，大家就這麼一傳十，十傳百的，一大群人都跑來看濟公活佛。

濟公師父特別安排了一個信徒，要他幫忙叫喊：『哇～～，師父啊，雖然你的魚比較貴，但是我買這魚是爲了做功德的，因爲我相信師父一定有特別的用意。』，說完他拿出二兩銀子買了一隻魚，然後拿去給一旁的阿濤幫忙殺魚。

於是，『濟公功德魚』的消息就這麼傳出去了，大家一窩蜂都跑來買，那些本來說不會買魚的人，現在會不會改變想法啊？

就是這樣，兩百隻魚一下子就賣光了，有人把魚拿回家煮了之後，就和左鄰右舍說跟濟公師父買的魚肉好吃，風聲越傳越遠。

但是也有一些修過佛法的修行人跳出來說，這個濟公師父可能是假的喔，靈隱寺的濟公活佛怎麼可能會做這種事情，怎麼會這樣呢？有人就開始議論紛紛了。

聽到了外面的風聲，濟公師父也很聰明，下午還有五車，也就是一千隻的魚要送來，濟公師父已經有了打算。

早上的魚賣完了，濟公師父特地留下一隻魚，獨自走到附近一間酒樓休息喝茶，坐下後就叫來了老闆：『老闆啊，我這有一尾魚，幫我料理一下。』

老闆早有聽到風聲，知道這一位就是靈隱寺的濟公活佛，就趕緊答應，把魚拿去廚房清蒸之後，端了出來。

濟公師父說：『老闆啊，你吃看看好不好吃啊？』

老闆吃了一口大爲驚艷，『哎喲，這魚肉的口感眞好，比我自己在對岸進的魚要好吃得多。』，就問濟公師父這魚是哪裡買的。

聽了濟公師父的回答，老闆說：『我也是在那裡買的啊，怎麼口感差這麼多呢？我過去買的魚裡面，十隻大概只有兩隻有這樣的品質，奇怪啊，爲什麼會這樣呢？』，這老闆其實就是跟阿呆的叔父買的魚，那兩隻品質好的魚，當然不用說，就是阿呆養的魚了。

濟公師父問：『那你進貨的價錢是多少呢？』

老闆說：『我進貨一隻魚要八文錢。』

濟公師父說：『這樣吧，你店門口對面的那一座橋已經年久失修，老百姓過橋都要擔驚受怕，只要你能用一年的時間把這座橋修好，還有門前這條路也把它鋪好，師父保證你會賺錢。

只要你願意做，這魚一隻賣你五文錢就好。』，

老闆聽了很爽快的答應了，他說：『只要我能賺得到錢，不需要一年，我在一個月之內就可以把橋修好，連同門口的路也一併鋪好。』

濟公師父點點頭說：『傍晚的時候，我會有五車的魚送過來，還有日後的魚貨你都要嗎？』，老闆全都答應了，這樁買賣就這麼說定了。

濟公師父回到攤位上，一旁有許多心存懷疑的人準備來看好戲，濟公師父卻是笑笑的跟大家說：『各位鄉親啊，我們的魚都賣光了，本店打烊囉。』，想要看好戲的人就失望的回家去了。

在這個時候，忐忑不安的阿呆把五車的魚送來了，他的心裡早已經做了最壞的打算，要把沒賣完的魚做個處理。

濟公師父說：『阿呆啊，把這五車的魚都送去橋邊的酒樓，我和老闆講好了，他全買了。』，阿呆大吃一驚，把魚送去後，他拿到了五十兩，阿呆眞是開心，因爲他租攤位的本錢都收回來了。」

如果你是阿呆，如果你沒有看到濟公師父是怎麼叫賣，如果你沒有明白人們是因爲信仰才來向濟公師父買魚，如果你也沒有瞧見濟公師父是如何說服酒樓老闆買下所有的魚，你會用什麼樣的心情看待這個結果呢？這是濟

公師父的神蹟嗎？還是自己的時來運轉呢？

這是不是我們在生活中也可能發生的事呢？

也許，別人的成功，也曾經被我們輕易的以爲是運氣好而已，以爲那是因爲他很會巴結老闆，以爲自己的不成功是自己的運氣不好而已，我才不想要巴結老闆。

但是，我們不容易看到別人背後的努力奉獻與付出，更不容易明白別人的巴結，其實是職場倫理中的跟隨，他們跟隨了主管的意志，與主管的目標接軌，所以他們才會受到重用，其實是我們沒有明白每個人成功背後的道理。

只是靠眼睛所見而下的結論，也許眞的會讓我們變成阿呆啊。

## 阿呆也不呆

這一路有了濟公師父幫忙作主，阿呆幾乎什麼也沒做，就多賣了六車的魚，生意眞的有這麼好做嗎？

濟公師父繼續說：

「這時，代客殺魚的阿濤也來感謝濟公師父：『師父啊，我今天賺了快兩百錢，這幾乎是我一年的收入，謝謝師父啊。』，但是濟公師父的魚已經賣完了，也沒有魚可以殺了，濟公師父於是帶著阿濤來到了酒樓。

話說酒樓老闆這一邊，進了阿呆的魚之後，菜色品質改善了許多，因爲這次沒有夾雜了阿呆叔父養的魚，客人吃了都誇獎魚肉好吃，於是一盤接著一盤的加點，店裡客人越來越多，廚房人手幾乎忙不過來，剛好濟公師父介紹了阿濤來幫忙，老闆也就欣然接受了。

最後，這五車的魚竟然一個晚上就全部賣光了。

深夜裡，阿呆和濟公師父在家喝酒閒聊，算著今天賺了多少錢，忽然有人敲門，原來是酒樓老闆來了，』師父啊，明天我要進十車的魚，就這麼說定了喔。』，阿呆聽了整個人都樂傻了，他的心情像是飛上了天，高興得睡不著覺，這一晚居然也跟著失眠了。

這個時候，叔父來了，他說：『阿呆啊，你的魚何時要給我啊？』

阿呆直接回答說：『我的魚不賣了，因爲我有自己的生意了。』

叔父拿阿呆沒辦法，他氣憤的說：『好啊，你說話不算話，以後我也不再幫你找買家了。』，後來，叔父也四處去跟別人說阿呆的魚不好，但是這已經不會對阿呆造成任何影響了。

第二天一早，滿心歡喜的阿呆，忙著準備十車的魚要出貨，濟公師父卻說：『你慢慢準備，我有事要處理，先走一步。』

濟公師父去了哪裡呢？

他去到港邊的市場跟大家說：『今天和明天兩天，大家要齋戒吃素兩天，千萬不能殺生哦。』，因爲大家都已經知道濟公師父就是靈隱寺的濟公活佛，所以當然都誠心的接受了，也四處通知其他的村民。

但是阿呆要出十車的魚給酒樓老闆了，那十車魚要怎麼辦呢？要是沒有及時處理，這十車魚就要臭掉不能吃了，濟公師父爲什麼要做這種事？濟公師父爲什麼要做這種事啊？？

那要怎麼辦呢？阿呆的心情又要怎麼是好呢？阿呆這時的滿心歡喜要怎麼辦呢？

消息馬上傳到了酒樓老闆那裡，酒樓老闆一聽，哎呀，糟糕，要趕快通知阿呆別抓魚，但是當然來不及了，阿呆的魚已經上了船，此刻正在前往港口的河上，也已經來不及通知了。

就在這個時候，一個大浪打來，阿呆那十車的魚竟然全部跌入了河裡，一隻也不剩，阿呆欲哭無淚，不知道到底爲什麼會發生這樣的事。

原來啊，是那十車的魚實在太重，已經遠遠超過了船的負荷量，阿呆原來應該要分做兩批運送的，但是他就是沒有經驗，才會犯下這個錯誤，這下子該怎麼辦呢？

阿呆說：『哎呀，魚損失了不打緊，反正魚還有，但是我要怎麼跟酒樓老闆交代呢？』

阿呆只好硬著頭皮去見酒樓老闆，酒樓老闆一見到阿呆，沒等阿呆開口就急著說：『你的魚我可不收喔，誰叫濟公師父說要大家齋戒兩天，我也沒辦法啊。』

如果你是阿呆，你會怎麼回答呢？

阿呆一聽，這心裡的一顆大石頭就放了下來，他靈光一閃，反而問老闆說：『好吧，雖然我十車的魚都已經抓了，那就算了，但是兩天齋戒日之後，你還要多少的魚呢？』

哎喲，阿呆這時反倒是靈光了，知道要先打算接下來的事情，酒店老闆這才想到這個問題：『嗯，齋戒了兩天，大家一定會想要吃魚，這樣吧，到時給我送十五車的魚來。』

阿呆說：『老闆啊，我今天已經損失了十車的魚了，這次訂的魚可以先給我訂金嗎？』

酒店老闆也覺得有點過意不去，就很爽快的說：『不需要，這次的貨款我一次付清，接下來，這個月每天都給我送十車的魚過來。』

這下子，阿呆的心情完全不一樣了，帶著荷包滿滿的口袋回家去了。」

原來齋戒日是濟公師父的巧安排，但是，這一步只是爲了避免阿呆受到酒樓老闆的責怪嗎？

這件事當然不是阿呆想得這麼簡單啊，阿彌陀佛。

## 阿呆的未來

在許多的時候，在我們心裡沒有主張的時候，不明白動機，就容易像阿呆一樣，耳根子軟，凡事都聽別人的意見，如果這個別人是濟公師父，自然一切順利，但是，如果是別人，那就不一定了啊。

濟公師父說：

「回到家，阿呆這才想到，難怪先前濟公師父有交代他，要提早把另外幾個池子裡的魚開始放養，但是魚的數量可能還是不夠。

濟公師父說：『不用擔心，你現在有錢了，就用這筆錢去收購你叔父的魚吧。』，

說到叔父的魚，因爲酒樓老闆改向阿呆進貨，所以叔父正在煩惱他的魚沒有人買啊。

濟公師父帶著阿呆去找叔父，濟公師父說：『既然你的魚沒有人買，不如這樣吧，過去你用一錢的價格向阿呆買魚，師父比較慈悲，就出兩錢的價格吧，全部的魚連同你的池子都賣給我吧。』

這樣啊，叔父想了想也好，不然自己養的魚也賣不出去也不是辦法，就答應了濟公師父的提議。

在接手了叔父的魚和池子之後，短短的時間之內，就讓這批魚長得又肥又大，簡直就像是灌風一樣似的，那是因爲阿呆知道每個水池大小適合養多少隻的魚，在什麼時間要餵什麼樣的飼料，又要如何控制飼料分量好保護水質。

至於叔父，他以前因爲貪多，在每個池子都養了太多的魚，所以魚養不肥，水質也不好，當然魚肉也不好吃。

經過這樣的妥當安排，阿呆的事業都上了軌道，一切也都沒有了問題。

齋戒兩天結束了，濟公師父想到阿呆租的攤位還晾著，就問阿呆後面七天要怎麼安排，阿呆說算了啦，他不在意那些租金了。

濟公師父可不答應了，說：『這怎麼可以！做生意的

人怎麼可以就這麼認賠呢？』，於是啊，濟公師父就安排去做什麼呢？

去賣雞，濟公師父找了一些人家收購了他們的雞隻，然後管這批雞叫做『濟公雞』，跟大家說，吃了濟公雞，就可以開始成家立業，就是台語說的『起家』。

濟公師父可厲害了，不止找人賣雞，第五天還找人賣青蛙，第六天賣好酒，第七天賣菜刀，第八天賣包子，第九天賣饅頭，第十天累了，濟公師父決定要公休一日。

後來，阿呆賣的魚受到大家的歡迎，越賣越好，很快的，阿呆就變成有錢人了，至於這間酒樓，原本生意不大好的，也因爲濟公師父的安排，在老闆造橋鋪路之後，便利了交通，外地更多的人都慕名而來，酒樓的生意變得更好。

因爲阿呆和酒樓老闆的成功經驗，讓更多的人聽到之後，大家議論紛紛，有更多的人想要拜託濟公師父賣東西。

那些找濟公師父賣東西的人，自然就有了不同的人生感受，至於那些批評濟公師父賣魚的人，慈悲爲懷的人，就不要來找師父賣東西哦，每天唸經唸佛就好啊，阿彌陀佛。

跟隨濟公師父，就是每天的追求經濟，每一天的享受人生，這些感受都在濟公之中。

這個村子也因爲那兩天的齋戒，有許多人因此開始接觸佛法，學習不殺生的感受，說到不殺生，是個人的感

受，而要如何的不殺，也是個人修行的感受，後來，這個地方學習佛法的人越來越多，日後竟然因此成爲了一個信仰，這個地方就叫做『濟公賣魚』的宗教信仰。」

所謂的「不殺生」，並不僅止於行爲上的「不殺」，更重要的是，心中的「不殺」。

如果有人說了一句話得罪了我們，我們能夠安定不起殺機，能夠不起情緒，或者能看見自己的情緒，能夠安定的「修心」，一次次的練習放下心中的屠刀，，這才是戒殺的本意。

「既然我連一隻螞蟻都不忍心殺了，更何況是傷害別人呢？」

「既然我信仰的神佛慈悲救世，我更要跟隨神佛，不要輕易判下別人的對錯，因爲我不一定眞的看見了事情的全貌。」

明白了動機，修行的功課才能得到結果。

師父說：「不久之後，濟公師父忽然來找阿呆，濟公師父說：『阿呆啊，既然有賺到錢，就要知道如何見好就收，明年就不要養太多魚喔。』

阿呆問：『那酒樓的生意要怎麼辦呢？』

濟公師父說：『不用想太多，自然就好啊。』，到最後，阿呆有聽濟公師父的話嗎？

不知道，故事就是到這裡爲止，如果他有聽進去，明年颱風來的時候就不會損失太多，他就能夠度過一個關卡，如果不聽，就要自己去體會感受了，聽或不聽，就要靠個人自己的啟動，故事就到這裡結束。

你們要明白，這個故事不是隨便說說的，試著深入每一個角色的感受，裡面有許多的感受，每一個人的失望，一個人的願意做與不願意做，酒樓老闆的成功，有一部分也是因爲他的造橋鋪路，故事裡的這些正面意義，就是你們要自己去思維的地方。

就像是阿呆現在生意正好的時候，他有可能聽濟公師父的話收手嗎？很難啦，過去濟公師父在身邊，所以願意聽，沒有人押著他，就不會聽話了。

所以融入每一個角色，阿呆的角色、濟公師父的角色、旁人觀望的角色、不願意跟濟公師父買魚的角色，在那些角色的思維裡，你就會看到自己的角色與思維。

這些體會都是只有你自己會明白的感受，不是旁人能夠告訴你的。」

最後，師父又提醒了一段話：

「最開始別人欠你的五文錢，如果你不去收回來，後面還會有這麼多的情節發生嗎？如果你計較賠本的問題，這些事情都不會發生。

要如何調整自己的心情和思維，才能夠讓這一切發生呢？如何才能夠接受一個擺明會賠本的機會呢？要明白，這五文錢才是故事的重點啊，

爲什麼濟公師父要花五十兩租下攤位呢？那就是爲了打廣告啊，爲什麼濟公師父故意宣布要齋戒兩天呢？如果沒有這麼做，阿呆就沒有辦法跟酒樓老闆交代，就是這樣

化解了問題。

而齋戒兩天，是不是也是讓賣魚的這件事情可以功過相抵呢？後來對村莊的佛法發展是不是一件好事呢？

濟公師父所做的事就是如此，不能用世俗的眼光去評斷濟公師父所做的事情啊。」

# 自然與無心

## 濟公師父的欲言又止

師父說：「師父所教你們的道理，與別人所說的有些不同，所謂祭改、冤親債主的問題，眞的能夠靠法事解決嗎？

凡事都要自己啟動啊，就像那個孝子賣包子的故事，爲什麼濟公要故意用戲弄他，用搶他包子，引誘孝子追他的方式，讓他避掉了被土石掩埋的災禍呢？爲什麼一定要間接的引導他呢？

爲什麼濟公不直接告訴他將有災禍，要他趕快跑呢？爲什麼？

每一個人都有每一個人的因果，如果今天是你叫他離開，才讓他避掉一劫，改天他還是會再遇到其他災禍，這個死劫最後還是無法逃離。

有部電影叫做《蝴蝶效應》，就是在講這個概念，男主角因爲女主角出了車禍，所以費盡心思做了時光機不斷的回到過去，他最後才明白，無論他怎麼做，女主角終究難逃一死。

但是啊，今天如果是女主角自己啟動，那麼她就能化解自己的因果，她就能脫離了死劫。

為什麼濟公明明知道事情將要發生，師父卻不願意明講呢？為什麼呢？

這都因為一個因果啊，每一個因果，都不能被陳訴明講，所以一定要用這種方式，引導你們啟動。

如果你能自已啟動，如果你能放下自己的執著，如果你能度過這一關，你的功德才會到來，如果你度不過自己的情緒，你的放不下就會變成了恨意，這因果就跟著來了。

『瞋是心頭火，能燒功德林』，人的福德都是因為一把怒火而失口，因為一個看不順眼，這才口不擇言，把福德全給燒了。

所以啊，師父總是提醒你們，要注意情緒，要學會忍耐與等待，一個情緒忍不了，災禍就會來到了。」

因果所以不滅，是因為習性不滅。

就像是我們都習慣要追求公平、公正，凡事都要公平公正，於是我們有了對與錯的執著，而無法看見別人背後的故事，於是對人沒有了包容和轉寰的空間。

有一個男人死後上了天堂，遇見一個老人，老人告訴他，老人是在多年前，為了閃躲當時還是小孩的他，這才心臟病發而死。

這男人聽完自責不已，但是老人告訴他，掌管生命的，原本就不是公平，世上原本就是不公平，與其要抱怨，不如樂觀接受，接受那一些無法選擇的事情。

就像古佛說的，雖然家人是無法選擇的，但是我們可以選擇不要牽掛，雖然別人的行爲，我們也無從選擇，但我們可以選擇放下。

事出必有因，每一個結果的發生，一定有其原因，我們可以有選擇，選擇一個明白的接受，選擇不要爭一個『我』要的公正是非，把公正是非交給上天安排，我就是一個『不知道』。

爲什麼故事裡的濟公師父要殺狗？爲什麼濟公師父要做我們不認同的事？爲什麼這個人不守規矩？爲什麼我們看別人不順眼？

用『不知道』來修自己的心，練習忍耐與等待，練習如何與自己的情緒共處，學習如何開導情緒，，一切順其自然。

讓一切的因果就到此爲止，不再有延續，濟公師父的欲言又止，我們明白了嗎？

## 自然的無心

師父說：「一個功夫好的人，不會注重人心，『人心』包括了別人的心，還有自己的心，所以，功夫好的人，要注重無心，如果你們注重的，是自己有沒有用心，是別人怎麼樣的感受心，你們自己就要受苦了。

濟公道就是要『無心』，學濟公道的人在做事的時候，不需要把心思用在計較別人對錯、或者計算結果好壞，其實不需要太多的心思感受，無論是自己的，或是別人的感受心，只需要注重人的動機，不要注重自己的感受心情，更不要在意別人的情緒、批評。

許多時候，人們做事的出發點是好的，但是在中間的過程裡，有了不同的轉化，如果轉化成功，結果就會成功，但是如果在轉化的過程加入了其他的心，就像是堅持公正、公平的心，就像是得失心，或者是無謂的擔心，擔心別人認為我們自私，擔心壞的評價，或者是加入了得意的心，覺得自己成就了什麼，那麼你們就要受苦了。

所謂無心，就沒有什麼公正公義，沒有什麼自私，也沒有什麼值得得意的地方，在無心之中，更沒有什麼與人對立的思想或是布局。」

道德經三十八章，說：【上德不德 是以有德】。

真正有德的人，他的德來自於他合乎「道」的行動，在他的心中並不會去想：「這件事合不合乎『德』？」，他不需要這樣的心思，這是上德之人的無心。

就像是「孝子賣包子」的故事裡，濟公師父搶了孝子的包子，這個舉動看起來是失德的，但是濟公師父並不會擔心如何看他，他只在意動機，他是為了要救孝子一命才這麼做的，所以上德之人，無心。

所以，一個領導者要重道輕禮，做事要切合實際、要實實在在的做，要放下對於虛名的在意心情。

「修道」就好像是「種樹」，信仰就是它的樹根，樹根如果能與大地相連，能夠接收上天的雨水，它就能夠茁壯，所以我們要先灌溉了樹根，才會有美麗的花與果實。

所以總是先有樹才有花，如果先去追求花，先想要追求人們讚賞我們的德行，那就會顚倒了順序，也失去了學道的意義。

師父說的無心，就是重視「道」，道是道路、是道理，更勝過重視人心，凡事要以合乎道的動機爲優先。

對於道的堅持，就是堅持耕耘、灌溉自己這一棵大樹，努力抓自己的蟲、修剪自己的枝葉，卻不是去抓別人的蟲，更不是去修剪別人的枝葉，學習道理，是爲了對付自己，永遠不會用來對付別人，沒有對立的思想，只有共榮與共好。

## 無心就是自然

天道本無心，何來對立？

師父說：「無心，就是自然。

爲什麼自然與刻意算計的思想布局不同呢？自然代表無心，雖然說是無心，但是他有一個基礎的邏輯，背後有他自己的布局和思維，就像一棵大樹會自然發展出它的枝葉脈絡，卻不是爲了針對別人，而去安排布局、擋別人的路，自然的布局不是爲了與別人對立，而是爲了讓事情可以順利的進行，那就是師父常說的軟Q。

軟Q就是說，一個人的做人既懂得柔軟，又兼具韌性，他知道如何處理應對、表達自己的立場和動機，他知道如何讓事情可以圓滿，不考慮自己的心、也不擔心別人的心，只注重事情的圓滿，這是無心。

比方說，你想要吃臭豆腐，但是老婆卻討厭吃臭豆腐，那要怎麼辦呢？不需要強迫她，你可以帶她去夜市，然後說：『我們今天來夜市，就是爲了挑戰五個關卡，第一關要吃臭豆腐，第二關要吃大腸麵線，第三關要吃……』，把這件事情變成一種共同興趣，帶著熱情、快樂的心情去做，而不用去想：『這招沒有用啦，她一定會擺臉色給我看。』，這就是有心的想法，只要心裡多了這樣的擔心，原來快樂的心情就會走味了，我們要無心。

『我就是用熱情，去改變別人對待我的態度』，堅持這麼一句話，堅持去做，那就是無心。

還不明白『無心』的人，他原本煮了一鍋好菜，常常因爲自己加東加西，多加了一些不必要的佐料，反而把菜色給弄糟了，如果是三杯雞，你加了洋蔥進去會好吃嗎？或許好吃，但是就會失去了原本三杯雞的風味了。

雖然有人說天是殘酷的，但是天也有讓人感受到慈悲善良的一面，其實啊，那並不是天的慈悲善良，而是你們自己的善良轉變了個性的軟Q，轉變了一個向善的心情之後，看事情的角度與感受才會變得不同。

天，其實都是一樣的公平，天是不談情也不談義的，天總是照著規律在走，人們說的上天慈悲，其實是因爲他們自己的感受，因爲他們修了一顆善心，所以他們自己感覺到天是善良的，那是他們自己的出發點不同，與天無關。」

就好像是清晨的太陽，與黃昏的太陽有什麼不同呢？其實沒有不同，是心的感受不同而已，憂鬱的人，會嘆息黃昏的短暫、煩惱夕陽的短暫，熱情的人則是讚嘆黃昏的美，積極等待下一次的黃昏。

其實都是一樣的太陽，卻因爲人心的不同，而造成人的看法不同。

師父的教導，也是同樣的公平，難就難在於，這一個「我」會去計算選擇師父的教導：「這句話我想聽」、「那一句話我做不到」，想與不想，要與不要之間，就決定了我們與師父之間的距離有多麼近，或是多麼遠，所以要趕緊跟上師父的腳步，我們不需要慧根，只需要「會跟」。

所謂天道，就是自然無心。

## 故事：珠寶與木盒的多角思維

師父說：「有一個珠寶商，他專門賣一些上好的珠寶，爲了包裝珠寶，他專程找了一批上好的楠木，楠木的味道，聞起來比桂花還香，所以又找了木匠把木材做成了盒子，這樣子寶石的賣相就更好了。

盒子一開始做得很簡單，沒有什麼樣式，珠寶商看了又看，就讓木匠再加上了龍與鳳的圖樣在上面，加上去之後，木盒的樣式變得非常的吸引人，甚至比寶石本身還要動人。

但是這個人是珠寶商啊，他賣的是珠寶，不是木盒，當木盒和珠寶放在櫥櫃裡，許多人看了之後，都說：『老闆啊，我只想要買木盒，但是不要珠寶。』，爲什麼？因爲他覺得木盒看起來比珠寶更讓人感到歡喜。

如果是你，明明你賣的是珠寶，但是客人都只想要盒子，那你們要怎麼辦呢？每個人都想想看啊。」

## 得理不寸人

趁著大家在想答案的時機，師父說：「這就是師父教導的方法，就是閒聊和故事而已，其實，追求靈通和算命有用嗎？

師父覺得，一切不如自己啟動、自已明白做法，這樣的感受會更好，別人說，有理走遍天下，但是師父說啊，懂得變巧，就可以走千里。

雖然別人說，有道理走遍天下，但是你們對於道理就要得理不寸人，寸人的意思很重要，當你們有了道理，然後你就一寸一寸的去衡量別人，這叫做寸人，也是在對付別人。

這一個人明明是三寸的能力，但是你卻用五寸的道理去要求他，這個人如果是你的下屬，你對他當然只有批評，這樣是不是就要把他逼死了呢？不需要。

雖然你有道理，但是這不是別人的道理。

所以師父說啊，我們要走千里，而不要走遍天下，就是要你們學會如何變巧，不要執著自己的道理，要變化一下待人的標準，在遇到困難時，不用想太多，就是改進，改進自己的思想與個性，如果不知怎麼改的話，要修什麼呢？不是修佛，是修我們的心，修一個明白如何變巧的心。

好吧，來回答師父剛剛的問題吧。」

## 木盒的變巧

師父一個一個問門生的答案，問完一輪之後，師父說：「記得，不要做平凡人的思想，什麼是平凡人的思想，就是從個人角度出發的思想。

聽聽師父的答案，如果是師父的話，師父就會貼出布告說：『木盒限量預購，限時登記。』，先把珠寶的生意放下，改賣木盒。

爲什麼？因爲現在珠寶不好賣，但是我們看到了木盒的商機，看到一個銷售的潮流，因爲大家都想要啊，不如乾脆辦一個預購活動，畢竟賣木盒也有利潤可以賺啊，不如先做這筆生意嘛，頭腦轉變一下，錢就會進來了。

既然現在珠寶賣不出去，那就先放著，放幾個月之後，也許緣分來了，客人看久了就會買，現在既然想要先賺錢，那就先把資金投入木盒的製造和銷售，至於珠寶就暫時搭配著賣就好。

所以，人的思想、心態，都在一個平衡感，所謂平衡感，就是你要觀察趨勢的變化，既然你看見了人們想要木盒的趨勢，就要先搶這個商機，讓木盒開放預購，約定兩個月之後交貨，貨款還可以先收，而珠寶的生意還可以兼著做。

所以啊，在做事情、在做生意的時候，就要學會『多角思維』，但不是多角經營。」

多角思維與多角經營不同，多角思維，說的就是變巧的思維。

不局限自己在一個固定的想法裡，隨時都在觀察變化，隨時都在尋找更好的機會，更願意學習或者嘗試新的作法。

能夠靈活的思考，不會因爲自己在賣珠寶，就忽視了木盒的商機，在各個方面的角度都願意變巧、思考，訓練自己的平衡感，抓住商品的潮流，掌握有效的機會或是商機。

這就是師父說的：『變巧，可以走千里。』，讓心思靈活的運轉，能夠各個角度的接納想法，不放過每一個可能賺錢的商機。

至於多角經營，那是同時銷售許多種不同的產品，同時去製作和銷售，這是散槍打鳥的想法，與多角思維的概念是不同的。

師父說：「既然明白了客人是爲了盒子的香氣、是爲了盒子的外觀好看，或者是爲了買了木盒之後的珍貴感受才買的，就要看清楚客人的心態，生意的商機就是這麼看出來的，

重要的，是客人想要買什麼，而不是你想要賣什麼。

變巧的想法，並不是靠別人告訴你，而是靠你自己的多角思維觀察出來的，你們爲什麼不試著這麼去做呢？既然珠寶沒有那麼快賣出去，爲什麼不先把木盒的錢先賺到手呢？

聽明白了嗎？這就是神佛的道理，這不是算命，這些道理是要讓你們回去慢慢的想，你們不可能馬上就能夠與神佛的道理接軌，你們需要幾個月的時間慢慢去融合。

要怎麼融合？要用你的熱情、用你的熱度，燃燒你的鬥志，用你的基礎鋪陳你的椿腳，這就是師父的道理。」

抱持一個熱情，相信道理可以改變我們的生活，試著在工作生活中做做看，期待一個新的想法將會改變人生，就是抱持著這樣的期待，可以有所熱情，可以試著去做，不同的感受。

學會之後的經驗和體會，都是自己的，是別人搶不走的，這就是師父教導的風格。

師父說：「所以不要用自己的角度去看師父，只要說到宗教信仰，宗教信仰都是一種好，好在哪裡呢？就在我們的『需要』。

師父的教導不是爲了叫人捐錢，奉獻都是出於自己的願意和感受。

就像師父要你們學會打賞，是爲了啟發你們的慈悲心和善良心，但是善良心不是爲了做功德，而是因爲你們從別人身上得到了什麼，所以有了回饋別人的心，就像街頭藝人的表演，你們覺得表演帶給你們快樂，那你們就要打賞，因爲你們有得到啊。

這就是師父的道理，不同於一般宗教的道理。」

無心，就是多角思維，不會守著原來的那一個心思，而是多方面的嘗試。

不是守著自己的舊想法，而能夠保持每一個想法的新陳代謝，願意接受新的觀念、願意觀察潮流，不會用自己的道理去寸人、去量測別人，而是隨時調整自己的方向與做法。

無心的道，就是濟公道。

## 故事：碎碎唸的阿田

無心，就是拿掉心中的碎碎唸，聽聽阿田的故事吧。

故事開始。

師父說：

「濟公師父看見一個人，他不管做什麼就唸什麼，濟公師父說：『喂！爲什麼你每天做事情，總是一邊做一邊唸？是在唸什麼啊？你這樣子唸下去，事情就會變得比較好嗎？』

這個人的名叫阿田，他有點不好意思的回答說：『也不是啦，我只是不唸一下，心裡不舒坦。』

濟公師父說：『不然這樣吧，我和你一起散散步，看看會有什麼樣的感受，對了，讓你知道也無妨，師父正是靈隱寺的濟公師父啊。』

阿田一臉不相信的說：『開什麼玩笑啊，你要是濟公師父，那我就是如來佛了，濟公師父是人人都當做活佛在敬拜奉獻的，怎麼可能會像你這樣穿得破破爛爛，又臭又髒啊？』

濟公師父笑了笑說：『既然你這麼說了，那你今天就要甘願受，師父告訴你，你今天會摔一跤。』

阿田說：『哎呀，這位師父也不要這麼烏鴉嘴，為什麼我一定要摔跤啊？』

濟公師父就舉起手，指向阿田的背後方向說：『喲，你看啊，看那個方向，那隻鳥兒飛過去了。』

阿田急忙一轉身，才剛說：『什麼鳥啊？在哪裡？』，腳下踩了個空，就這麼一跤跌坐在地上。

這下子阿田真的摔了一跤，這一跤是誰害的啊？他摔這一跤是因還是果呢？

這個喜歡碎碎唸的阿田，可摔得不輕，他把腳給摔跛了，他抱怨說：『哎呀，師父啊，你怎麼這樣子對我啊，地上有個洞也不提醒我，還故意讓我回頭，眞是壞心。』

濟公師父說：『師父就說你會摔倒，你還不相信，師父就剛好看到一隻鳥兒飛過去啊，好心跟你說，你自己不看路，還怪師父不提醒你，師父好無辜啊。』，濟公師父伸出手拉了阿田一把。

濟公師父說：『走吧，師父再告訴你一件事，接下來師父會變成有錢人，你相不相信啊？』

阿田很不高興的說：『別騙人了，你穿得破破爛爛、像個乞丐的和尚，怎麼可能會變成有錢人，你要是變成有錢人，我就會做狀元啦。』

這時跛著腳的阿田說：『師父啊，不然這樣吧，我現在不方便走路，請師父扶我回家，我請師父吃一頓齋飯。』

濟公師父說：『我可是濟公師父啊，你沒有聽別人說，濟公師父是吃葷不吃素的啊，你家裡有魚有肉我才要去啦。』

阿田心想：『哎呀，這和尚居然是吃葷的，難道眞的是靈隱寺的濟公師父嗎？算了，我現在這樣也眞的走不回去，還是答應他好了。』，於是阿田就答應濟公師父，一定會招待師父吃一頓大餐。

濟公師父眞的扶著阿田回到了家，這時濟公師父說：『阿田啊，師父知道你才剛剛殺了田裡的那隻肥鵝。』

阿田大吃一驚，他說：『咦？師父怎麼會知道我今天剛剛殺了一隻鵝，這隻鵝是我準備八月十五中秋過節要吃的，師父居然能夠預知這件事，果然有點來歷哦，既然師父要吃，那我去煮一隻鵝腿給師父吃吧。』

在這個時候，光是一隻鵝腿，濟公師父會滿意嗎？濟公師父說：『一隻鵝腿不夠，師父要吃就吃一整隻的鵝啊。』

阿田這下子生氣了，他想把濟公師父趕走，正當他要發作的時候，濟公師父又說了：『如果你請師父吃一整隻的鵝，明天師父帶你去大街上走走，保證讓你賺到錢。』

阿田這才改變了心意，因爲他知道這位濟公師父有點來歷，決定相信濟公師父的話，於是呼喊他的妻子：『阿萍啊，把那隻鵝整隻煮來吃吧。』

阿萍回答說：『老公啊，這隻鵝是我們八月十五才要煮來吃的，怎麼忽然說要煮啊？』

阿田說：『因爲這和尙說要吃一整隻的鵝啊。』

阿萍大吃一驚的說：『和尙要吃鵝？』，你們想想看，這個阿萍會是什麼樣的心情呢？是不高興？還是很驚奇，或者很生氣呢？結果她竟然是懷著開心的心情，開始動手去烤這隻大肥鵝。

阿萍是個天生自然的人，她所以能夠和這個碎碎唸的阿田結爲夫妻，還能夠忍受他的個性，就是因爲她的天眞和活潑，因爲她對每件事都感到新奇，所以才能夠接納阿田。

想到和尙會吃葷，阿萍只想趕快把鵝肉烤好給師父吃，她就一邊哼著歌，一邊開心的烤著肥鵝。

師父問你們啊，如果你們的另一半老是碎碎唸，你們受得了嗎？什麼事都要叨唸一下，你們能夠忍受嗎？這個阿萍，就是有著這樣天生的特性，你們都沒有想到吧。」

## 阿萍的好奇心

師父說：「阿萍把鵝肉端了出來之後，她感到很高興，因爲她從來沒有看過一個和尙吃肥鵝，還吃得這麼津津有味，她第一次覺得晚餐是這麼的好吃，爲什麼呢？因爲以前晚餐只有她跟阿田兩個人，即使個性再活潑，面對阿田，仍然難免會有一些壓力，但是今晚她有了新的動機，她想要了解，她想要看看濟公師父是怎麼吃葷，所以這頓飯阿萍吃得特別開心，過去的她沒有自己的動機，也不曾有過自己想要做的事情，所以今晚的她特別的高興，陪著濟公師父一起吃飯。

至於阿田呢？阿田的心裡卻沒有什麼特別的感受。

阿田心疼著失去了一隻鵝，又想到自己的腳受了傷，想到明天濟公師父說要帶自己去賺錢，也不知道是不是眞的賺得到錢。

就是因爲他的心裡想著太多事情，有太多的心思，所以他不會關心濟公師父爲什麼要吃這隻鵝，他還是像過去一樣的吃飯，心裡惦記著過去，擔心著未來，當下的心情很麻木，一點也不覺得這頓晚餐好吃。

同樣是吃鵝肉，三個人之中，只有兩個人覺得鵝肉好吃，一位是濟公師父，一位則是阿萍。

一頓飯終於吃完，濟公師父問說：『那師父今晚要睡哪裡啊？』，阿田想也不想的說：『不然去睡我們旁邊的柴房好了。』

濟公師父特意拉高了聲調說：『師父我可是得道高僧啊，還是靈隱寺來的濟公活佛，你叫我睡柴房？不行，我要睡你的房間。』

如果換做是你們，你們要不要讓濟公師父睡啊？也不等阿田反應，濟公師父馬上說：『好吧，師父也知道你很爲難，這樣吧，你房間讓師父睡一晚，我給你一百兩，但是要先記帳欠著，不用擔心師父不還，師父跟你說過了，師父會賺大錢，師父要做員外啊，就看你願不願意囉。』

一旁的阿萍聽了，又開始感到新奇了，『哇！房間租人，居然可以賺到一百兩，老公啊，趕快啦，我們今晚委屈一點，大廳打個地鋪就好了，也不過就一個晚上而已嘛，現在夜也深了，反正沒睡多久天就亮了，好啦好啦，就這樣子吧。』

這個阿田是百般的不願意啊，最後還是想到明天要跟師父上街去賺錢，這才很勉強的答應了，阿田說：『那要寫一張借條，師父要簽名喔。』，濟公師父當然很爽快的簽了。

阿萍的思想，和阿田就是不一樣，阿萍興沖沖的在大廳鋪起了棉被，她幫阿田鋪得非常的舒服，因爲是頭一次在大廳打鋪，阿萍像個孩子一樣，非常的開心，眞是奇怪啊，平常鋪床都沒有這麼開心，爲什麼今天這麼開心啊？因爲新鮮感嘛，而且又有錢可以賺。」

爲什麼濟公師父和阿萍能夠快樂的享受這一頓鵝肉呢？因爲濟公師父給了阿萍一個動機，也滿足了自己的動機，所以他們能夠樂心快樂，他們的自然樂心，來自於明白的動機。

所以什麼是自然的無心？

對於昨天，忘記了，對於明天，不知道，對於今天，懷抱一顆好奇的心。

## 靈隱寺的濟公活佛

師父說：「到了第二天，濟公師父起床了，師父問：『有沒有準備早餐啊？』

阿田回答說：『有啦，阿萍在煮啦。』，阿萍也在廚房裡大聲的說：『有啦，師父啊，我有煮粥啦。』

濟公師父卻說：『師父不要吃粥，今天我想要吃饅頭。』

阿田又不高興了，他大聲的說：『什麼？師父有粥不吃，要吃饅頭？』，阿萍聽到了，趕緊出來打圓場說：『沒關係沒關係，我去買饅頭。』，於是她三步併做兩步的，跑去買了饅頭回來給濟公師父吃，濟公師父這才吃飽早餐了。

一旁的阿田可是憋了一肚子的氣，他的心裡碎碎唸著：『哎呀，煮好的粥不吃，還要我老婆去買饅頭，這個和尚如果不是靈隱寺的濟公師父的話，我一定要打他一頓，況且昨天還害我跛腳，這筆帳不算怎麼行，如果今天沒有讓我賺錢的話，一定不放過他……』，心裡唸個不停。

吃飽飯，濟公師父就帶著阿田出門了，濟公師父說：『既然你的腳扭傷了，那師父就先帶你去找一個推拿師父幫你治腳吧。』

當兩人來到推拿師父的店裡，推拿師父很熱情的招呼濟公師父說：『哎呀，師父您來了啊。』，原來推拿師父早就認識濟公師父了。

阿田趕緊拉著推拿師父去一邊問說：『你認識這個和尚啊？』

推拿師父說：『哎呀，你居然不知道？你有這麼好的福氣可以跟在濟公師父身邊，居然不知道他是靈隱寺的濟公活佛？這麼好的福氣要珍惜啊。』

阿田沒有想到，原來這個和尚眞的是濟公師父啊，那昨天眞的是失禮了，居然還要師父簽借據，想想眞是不好意思啊，濟公師父說話了：『推拿師父啊，你幫他治一下腳吧，對了，師父想要做生意，所以我這酒壺加上裡面的酒，要賣三百兩，你要不要買啊？你可以先試用師父的酒幫阿田推拿，看看有沒有效。』

推拿師父就照濟公師父的去做，果然幫阿田推了兩三下之後，他的腳馬上就好了，你們說，這推拿師父會不會買這壺酒呢？當然會啊，推拿師父就拿了三百兩給濟公師父。

濟公師父說：『只要有效，你就可以收這客人三百兩銀子，這壺酒總共可以推拿十個客人，那就從阿田開始收吧。』

阿田一聽就傻眼了，『我哪裡會有三百兩銀子啊？』

推拿師父說：『沒辦法啊，這是濟公師父說的，不然你就簽一張借條吧。』，因爲是靈隱寺的濟公師父說的，沒辦法，況且這個酒的療效眞的太神奇了，他明白這是眞的神佛才辦得到的力量，阿田只好硬著頭皮簽了下去。

後來，果然附近的一些員外、有錢人聽說有濟公師父的酒可以治好跌打損傷，紛紛來找推拿師父治病，果然都一推見效，推拿師父就這麼賺了兩千七百兩。

話說阿田的腳治好了，但是他的心情就不好了，他心裡的對白又開始碎碎唸了：『昨晚賺師父一百兩，今天卻賠了兩百兩，濟公師父自己反而賺了三百兩，等等倒是要看濟公師父怎麼讓我賺錢啊。』

接下來，濟公師父要賣什麼呢？師父要賣帽子，是誰會買帽子呢？

村子裡有個讀書人，他考了許多年的鄉舉，總是考不上，他總是希望自己可以考上功名，有個官可以做，這一天，剛好他就在路上垂頭喪氣的走著，經過了濟公師父和阿田的面前。

濟公師父就要阿田去告訴這個讀書人說，只要他買下濟公師父的帽子，他馬上就可以考取狀元，但是這頂帽子要五百兩銀子哦。

阿田一聽，他的腦筋動得很快，他說：『師父啊，不然我賣他六百兩銀子，這樣多賣的一百兩算我的好不好？』

濟公師父笑了笑說：『反正我只要五百兩銀子，你賣多少都隨你吧。』

阿田好高興啊，他就去找這讀書人說了：『年輕人啊，你是不是一直想要考狀元啊？

這樣吧，我這裡有一頂濟公師父的帽子。』，

『哇～～，濟公師父我知道我知道！』，讀書人一聽濟公師父的名號，精神都來了。

阿田說：『只要你買下這頂帽子，你就可以考上狀元，不過這頂帽子要八百兩銀子啊。』，哎呀，這個阿田就是想要撈本啊，但是，你以爲這個讀書人就拿得出這麼多錢嗎？他的家裡窮得不得了，所以才會那麼積極想要考取功名啊。

濟公師父說：『年輕人啊，沒有關係，師父知道你沒有錢，只要你願意買，可以簽借條。』，於是讀書人就寫了一張借條，但是這債權人寫的是濟公師父啊，忙了半天，阿田還是沒有分到錢啊。」，聽到這裡，大家都忍不住笑了起來。

師父常說，賺錢真的不容易，想要賺一塊錢有多麼的難啊，但是啊，要賺錢又很容易，只要自己能夠明白開悟。

要悟的，並不是要怎麼賺錢，而是要怎麼看到自己不斷重來的那些錯誤，該要怎麼轉換一個不同的心態，轉化自己的心情與做法。

阿田是什麼樣的錯誤不斷在重來呢？

## 阿田的心

師父說：「這個阿田心裡實在是難受得不得了，心裡的碎碎唸又開始了，他想到自己還欠人兩百兩，忙了半天也沒有賺到錢，明明跛腳治好了，又開始抱怨濟公師父害他跛腳，他還是唸個不停。

走著走著，濟公師父說：『師父肚子餓了，找個地方吃飯吧，師父現在有錢了，我們找個好一點的地方吃飯吧。』

阿田這時心裡的對白在想著：『哎呀，師父是不是要帶我去賺錢了啊？好啊好啊。』

他不再像昨晚那樣無禮，現在對濟公師父非常的有禮貌，還主動去扶濟公師父，『師父啊，這邊請這邊請，這間酒樓不錯啊，我們去這間酒樓吃飯好了。』

才剛踏進酒樓，濟公師父就大喊道：『老闆啊，把我最愛吃的菜色都端上來吧。』，酒樓老闆一聽這聲音，就知道是濟公師父來了，說他馬上就會把好菜端上來。

看到老闆熱切招呼的態度，阿田不禁暗暗的想：『哎呀，原來濟公師父的名聲是這麼的遠近知名，大家都知道，我眞是有眼無珠啊，也許我不應該這樣責怪濟公師父的。』，阿田的心情不知不覺的有了一點改變。

沒多久，老闆就端來了好酒好菜，老闆說：『師父啊，您上次給我的開示，我當時沒有把握住，可不可以再給我一次機會啊？當初您說只要買下袈裟，我就會賺大錢，不然這樣子吧，您的袈裟賣給我，我這裡有準備一千兩，爲了這件事，我已經準備了一年，就是爲了等這一天，師父啊，這一餐就算我請的，請師父務必答應。』

濟公師父裝做一副爲難的樣子，說：『哎呀，袈裟賣給你，我不就沒有衣服可以穿了，這樣多難看啊。』

到最後，濟公師父的衣服會不會賣掉啊？當然會啊，濟公師父拿出了一百兩給阿田，說：『你去幫師父買一件員外穿的衣服，隨便你買，剩下的錢都算你的。』

阿田好開心啊，趕緊跑去買衣服，他想說，只要買一件一兩的衣服，他就可以賺到九十九兩，去到店裡，他對老闆說：『老闆啊，有沒有員外穿的衣服啊？』

結果店裡沒有存貨，只能用訂做的，問題是訂做的衣服要一個禮拜才會好，那要怎麼辦呢？

老闆這時說：『眞的急著要的話，這裡有一件別人訂的衣服剛做好，要三十兩，那位客人等一下就會來拿衣服，你再跟他商量吧。』

阿田實在是想要賺這筆錢，就想搬濟公師父的名號出來，他說：『我這是要幫濟公師父買的衣服，不然我給你三十兩，你就把衣服賣給我吧。』

沒想到老闆一句話就拒絕了他：『什麼濟公師父，我又不認識他，跟我講這個有什麼用？』

『不然我出四十兩！』，『不賣！』

『五十兩！』，『不賣！』

『不然乾脆出九十兩啦』，阿田想想，賺個十兩也好啊，沒想到老闆還是不賣。

『好吧，一百兩。』，無奈的阿田只好這麼出價，老闆這才點頭。

『眞是倒楣，偏偏讓我遇到一個不信濟公師父的人，不然我隨便也賺得到錢。』，這個阿田眞是懊惱啊，回去見到濟公師父，濟公師父說：『啊？你一塊錢也沒賺到啊？隨便買一件就好了啊』，阿田百般無奈，也只好認了，他想要依賴濟公師父賺錢，天底下哪有這麼便宜的事情呢？

濟公師父吃飽了，但是跟在一旁的阿田的心情卻像在坐雲霄飛車一樣，以爲要賺錢了，結果又賺不到錢，他的心裡好著急，大概是被逼急了，阿田也學聰明了，他問師父說：『師父啊，你還有佛珠可以賣啊，而且你的鞋子也要換一雙，扇子也要準備買一支新的啊。』

濟公師父倒是笑了笑說：『那你看師父現在有沒有做員外了啊？』

阿田回答說：『有有有，師父現在有錢了，也可以做員外了。』

濟公師父說：『那你昨天不是不相信嗎？你說師父當員外的話？你就是狀元嗎？那你現在當狀元了嗎？』

阿田不好意思的說：『哎呀，那不可能的事情啦，哈哈。』

兩人就一邊開著玩笑，一邊走著來到了一個員外家，濟公師父就交代阿田怎麼跟這戶人家通報，阿田就敲了敲門，門內的人問是誰在敲門，阿田就大聲說道：『是靈隱寺的濟公活佛來了啊。』

屋內的家丁聽了，連忙開門，並且稟報員外與夫人，所有的人都趕緊出來迎接濟公活佛，但是出來一看都傻了眼，穿著員外衣服打扮的人，怎麼會是濟公活佛呢？這到底是眞的還是假的啊？

阿田就說了：『這位是濟公員外啊，他剛剛換了衣服，因爲知道貴府出了一些問題，所以先來拜訪你們。』

員外嘆了一口氣說：『是啊，我們正想要請濟公師父來幫忙，因爲我的兒子唸書老是不專心，希望師父可以幫忙讓他安定心性。』

濟公師父說：『只要買下師父這串佛珠給孩子掛上，他就能夠安定心神，五年之後，他就會有所成就，過了六年之後，還會讓你有孫子可以抱。』，員外的兒子現在才不過八歲而已，以前的人本來就是比較早娶妻啊。

員外聽了之後，心裡實在有些猶豫，不知道到底該買還是不該買，但是夫人立刻喊說：『買啊、買啊。』，她爲什麼會這麼喊呢？因爲她已經一眼瞧見佛珠上頭寫著『濟公活佛李修緣』六個字，她知道這佛珠是眞的，她問道：『請問師父佛珠怎麼賣呢？』

濟公師父說：『一千二百兩』，員外二話不說就把銀子拿了出來。

阿田一聽這數字，頭都暈了，他賺一輩子也賺不了這麼多錢啊，他向師父求救說：『師父啊、師父啊，我欠那三百兩的債務，可不可以幫我解決啊？』

濟公師父微微一笑說：『這樣吧，師父等等要賣鞋子，你先去幫我買一雙好一點的鞋子，我給你五百兩去買，師父等等在前面的涼茶店裡喝茶等你。』，阿田好高興，上次已經有了前車之鑑，這次要先問好價格再買。

『這次有這麼多錢，一雙鞋也不過幾錢而已，這次眞的賺到了啊。』，阿田高興得不得了。

事情當然沒有這麼簡單啊，阿田找了一間鞋店，問道：『有沒有員外穿的鞋子啊？』

老闆隨手指了店面的鞋子，有十兩的，也有一兩的，要阿田自己挑，阿田就挑了一雙十兩的鞋子，馬上準備去和師父會合，才剛走到路口，就遇到一幫流氓。

流氓說：『我們家老大說，要你手上的這雙鞋，你願意也好，不願意也罷，反正你就是要把鞋子留下。』

見對方人多勢衆得罪不起，只好把鞋子給他們，反正他還有四百九十兩，只好回鞋店裡再重買一雙鞋，他挑了一雙二十兩的鞋，就拿回去給了濟公師父。

濟公師父對這雙鞋子很滿意，說：『你現在賺了四百七十兩對吧，那你現在去把師父這雙舊鞋拿去賣，要賣五百兩回來。』

阿田想說，沒關係，反正這是濟公師父的鞋子，一定很容易就賣掉了，就答應了濟公師父，沒想到，阿田一路上四處問人，居然沒有一個人願意買，爲什麼？因爲看阿田那個樣子，沒有人相信那是濟公師父的鞋子啊。

阿田哭喪著臉回去找濟公師父，說沒有人要買啊，濟公師父說：『那你就自己買啊。』

阿田說：『啊？但是我只有四百七十兩，還缺三十兩啊。』

『簽下去啊。』，濟公師父悠悠的這麼說。」，聽到這句話，全部的人都笑翻了，這個呆呆的阿田，一步步走進了濟公師父的設計之中。

師父哈哈大笑接著說：「簽完這張借據，想到自己欠債越來越多，阿田的眼淚流下來了，但是這時的阿田，居然不再抱怨濟公師父了，你們說，跟著濟公師父有吃香喝辣的嗎？依靠神佛當然是不行啊，有的時候，跟著師父久了，也是會被設計一下啊，靜觀哪，你有沒有感受到啊？」

「有喔！」，我笑著回答，過去師父常常找一些難題設計我，好讓我有奉獻的機會。

師父又問：「師父當初說你會出書、還說你的老婆會幫你的忙，你那時候是不是覺得很困難呢？爲什麼現在會實現呢？那就是因爲你自己啟動了，你甘願受到師父的糟蹋和設計，每一次來見師父，是不是還會猶豫著是不是要少領一點錢，免得都被師父掏空啊？」

我的確這麼想過，但是後來都習慣多領一些錢在身上，既然師父要我奉獻，一定有師父的用意，這也是一種自我啟動，讓自己習慣用錢的方式。

師父說：「當你經歷了，習慣了這個過程之後，你和老婆相處的時候，是不是就不會在意老婆怎麼用錢了呢？不然以前老是爲了老婆花錢而心裡糾結，就像那個阿田一樣，心裡碎碎唸，有沒有啊？」

「是！」，心裡在想什麼，眞的瞞不了師父，過去我的碎碎唸，總是停不了啊，哈哈。

師父說：「現在的你已經習慣成自然了，你知道錢再賺就有，所以不會再糾結了，心態不一樣，交集不一樣，感受不一樣，你們夫妻之間是不是就沒有口舌了呢？

師父這樣的教導，就是為了讓你明白，問題都是出在你自己身上，而不是老婆的問題，所以凡事只要自己懂得調整、懂得改變，你的生活就會很美滿，現在和老婆之間是不是都過得很甜蜜啊？」

「是！」，最近與夫妻兩人相處的模式的確是一天比一天融洽，更有趣的是，妻子的名字裡，就有個「萍」字，原來啊，以前的那個我，就是這個阿田啊。

師父說：「所以師父有沒有用心良苦？所以師父以前設計你的那些奉獻值不值得啊？」

「值得！」，真的值得。

師父說：「所以你們要看懂，看懂師父為什麼讓你們奉獻，不要在意師父為什麼叫你們請人吃飯，不要在意師父為什麼要你們做一些不想做的事情，不要怨嘆師父，只要你們樂心去做，自然有一天你們的心就會通了，就會明白師父的用意。

靜觀，因為你的心通了，所以你會感受到，這個故事好像是你自己的故事，你會用當初的感受，回溯看到主角的心態，然後明白主角的心境轉折。」

過去的阿田固執自己的想法，容不了別人的想法不同，所以總是抱怨別人，濟公師父早餐想吃饅頭，不想吃粥，他生氣，濟公師父要吃整隻鵝，不願只吃鵝腿，他也生氣，堅持自己的想法有用嗎？

想要賣帽子賺錢，書生卻簽了借條，想要買件便宜的員外衣服，老闆偏偏要賣一百兩，想要賣鞋子賺錢，偏偏還欠濟公師父三十兩。

固執原來的想法，有用嗎？抱怨別人，有用嗎？

當阿田一路跟著濟公師父做生意，他也看到了人生百態，看到那些人們是如此相信濟公師父，又是如此的感恩濟公師父，他終於心甘情願的欠下濟公師父的錢，因爲他開始相信了，他對濟公師父的心情漸漸從抱怨，而變成順隨。

把那些對別人的抱怨，轉做自己的承擔，甘願開始改變自己，開始接受別人的想法，阿田的淚水，是醒悟的淚水，也是開始認識自我的過程。

## 心的啟動

固執的心，總是看什麼都有抱怨，如果轉做一顆好奇的心呢？是不是處處都有生機呢？

講到阿田被設計的情節，師父自己也覺得好笑，師父繼續說：「這個可憐的阿田，問了一個問題：『爲什麼我今天都賺不到錢啊？爲什麼濟公師父怎麼賣都可以，我怎麼賣都不行？』

現在還剩下什麼還沒有賣呢？剩下扇子。

濟公師父帶著阿田來到一戶人家，濟公師父事前告訴阿田，這戶人家的家人生病了很久都治不好，只要用師父的扇子扇一下就會好，但是只能用一次，而且只要賣一百兩，就交代阿田去賣這一把扇子。

阿田於是敲了門，對主人說：『靈隱寺的濟公活佛來了，要來爲你們治病，而且用這把扇子扇一次就會好，這把扇子要賣你們一百兩銀子，你們要不要買呢？』

當然要買啊，因爲這時濟公師父就站在阿田的後面啊，濟公師父說：『用了扇子有效才付錢，無效就不用付錢。』，於是主人就拿出一百兩銀子，買下了扇子，果然一扇之下，病人的病就好了。

現在，濟公師父賺了多少錢呢？現在濟公師父是不是員外啊？是不是有賺到錢了啊？現在濟公師父只缺一頂員外的帽子，濟公師父自己找了一間店，只花五兩就買到一頂員外帽子，現在濟公師父是名副其實的員外了。

濟公師父問阿田：『師父現在是貨眞價實的員外了，那你何時要做狀元啊？』

阿田一句話也講不出來，他的心裡只是擔心自己欠了那麼多的錢，也不知道要怎麼辦才好，回去的路上，他想通了一點，與其煩惱，不如想想解決的方法。

阿田終於開始想了：『今天跟著師父走了一天，看到師父用了這麼多種方法賺錢，不如我來想想看，怎樣賺錢吧，對了，師父今天爲什麼一直問我有沒有做狀元啊？「狀元」要怎麼做呢？』，阿田對濟公師父的問題產生了好奇心，想啊想的，忽然靈光一閃。

阿田一拍腦袋，他想：『哎呀！那我來做個肉丸子好了，就叫做「撞圓」，我拿木槌敲肉也叫撞啊，打成肉泥之後，再做成圓圓的肉丸子，就像是摃丸一樣的意思嘛，所以我做「撞圓」，這樣就真的有做狀元了啊，哈哈⋯⋯。』，這麼一想，居然讓阿田想出了一個點子。

阿田就跟濟公師父說：『師父啊，等我一下，我來做肉丸子。』，回到家，他就自己嘗試了一些配方，攪拌肉泥成丸子，煮成肉丸湯之後，跟師父說：『師父啊，這個就是我獨家的「狀元湯」，這樣我就有做狀元了啊』

所以濟公有沒有做員外啊？阿田有沒有做狀元啊？」

「有！！」，大家異口同聲的回答

師父說：「濟公師父這時說：『那我們來結算一下你欠師父的錢吧，你總共欠師父兩百三十兩。』

但是阿田哪來的錢呢？現在他該要怎麼辦呢？故事要怎麼發展下去呢？

濟公師父說：『你欠師父的錢，就用這間屋子還債吧，明天你們夫妻兩個人就搬出去吧，要說這間房子也只值五十兩，這樣師父等於用兩百三十兩買下你的房子，也不虧待你們了。』

聽到這番話，阿田兩眼的淚水都流了下來，他也甘願接受濟公師父的要求，跟著濟公師父看了一天，在濟公師父叫他與人交涉的過程中，他已經明白濟公師父的靈感，也有了不同的明白感受。

阿田於是收拾了行李，準備離開這間房子，哎呀，這個濟公師父真是糟糕啊，別人請他吃烤鵝，最後居然把別人趕出家門。

阿田是滿臉的淚水，但是這個阿萍居然是一臉的笑意，她心想：『咦，居然是這樣的結果，沒關係，我早就想要換間房子了。』，原來啊，前一晚阿萍做了燒鵝給濟公師父吃，師父當時就偷偷塞了二百兩銀子給阿萍，說是爲了答謝這隻燒鵝。

走出家門，阿萍才笑著安慰阿田說：『老公啊，不要緊啦，我們走吧。』，她早就不想再住這個地方了，所以她反而很高興有了這樣的結果。

兩人一邊走，阿田終於又忍不住開罵了，罵誰呢？當然是罵濟公師父啊，阿萍也不多解釋，帶著阿田來到一間房子面對，阿萍說：『這裡就是我今天剛買的新房子，別擔心，以後我們就住這裡了。』

阿田整個人楞住了，他問：『妳哪裡來的錢啊？妳是不是傻了啊？』

阿萍回答：『濟公師父昨晚說，那隻燒鵝值二百兩銀子啦，這是濟公師父給我們的錢，而且這間房只要八十兩銀子啊，安心吧。』

阿田本來流著眼淚的臉，馬上變成一張好生氣的臉，他說：『哎呀，妳也不早點講，害我一直罵，這樣我們還有一百二十兩，我們往後的日子就好過啦。』，阿田此刻的心情，是完全的不一樣了，可以開開心心過日子了。」

濟公師父的巧安排，有什麼用意呢？帶著阿田走這一回，爲的又是什麼呢？阿田跟著濟公師父看到的人間百態，在故事裡，只是一天的過程，但是如果要我們自己去體會那麼多的過程，可能需要好幾年的時間，或許，我們都還不能像阿田那樣的想通、感受。

## 回歸濟公師父

師父說：「在阿田搬去新家之後，日子又過了十天，這段時間裡，濟公師父就是四處的鋪路造橋、幫助有需要的人。

這一天，濟公師父去拜訪那位買了帽子的讀書人，濟公師父大老遠的喊道：『來哦！狀元才，狀元啊，師父來找你討錢了喔，你欠師父的八百兩何時要還啊？』，原來這讀書人眞的如濟公師父所說，考上了狀元。

狀元郎回答：『師父啊，我才剛剛考上狀元，還沒有當官賺錢啊。』，做官沒有錢怎麼辦啊？要貪污嗎？你們想想看。

濟公師父說：『沒關係，師父不是眞的要你的錢，但是你要幫師父做一件事，等你準備當官上任的時候，你就要回歸你原來的村子去做縣官，師父只交代你一件事情，就是大河的河堤一定要先建好，因爲每次颱風來的時候，會讓村裡淹大水，所以記得先要建河堤啊，只要你能答應，這八百兩就一筆勾銷，還有師父的這頂員外帽，要跟你換回師父的帽子。』，狀元郎聽了，很高興的一口就答應了。

接下來，濟公師父去找推拿師父，推拿師父說：『師父啊，你那壺酒眞是好用啊，感謝你啊，讓我賺了好多錢，這個酒壺就還給師父吧，我拿來裝別的酒都沒有效果，接下來我打算退休不做了，推拿工作實在是太辛苦了，我要開始享受人生了。』，於是酒壺就回到了濟公師父手上。

接下來要收回袈裟了，濟公師父來到酒樓，老闆馬上跑來師父面前說：『師父啊，自從我掛了您的袈裟之後，客人都只要吃素菜，不吃葷食了，偏偏我就不擅長煮素食，客人也嫌我煮得不好吃，袈裟還是還給師父吧，我以後還是靠自己的本事去賺吧。』

說也奇怪，在這之後，吃葷食的客人馬上就回來了，酒樓老闆原來是用一千兩買下袈裟的，但是袈裟還給濟公師父之後，這個月馬上賺了五千兩，爲什麼呢？

原本大家看到酒樓掛著袈裟，以爲這間酒樓改賣素食，所以客人都來吃素食，濟公師父拿回袈裟之後，四處跟大家說：『這間酒樓經過師父的加持，這裡的東西絕對好吃啊。』，有了靈隱寺的濟公活佛加持，客人們當然搶著來吃，所以才能這麼快賺到五千兩銀子。

所以濟公師父把員外衣服送給酒樓老闆，換回了自己原來的袈裟。

再來就是佛珠了，濟公師父前去拜訪那位買了佛珠的員外，員外一見師父就說：『師父啊，我的兒子掛了佛珠之後，每天都不安定，老是跑去外面亂來，晚上做道士，早上唸經，中午還當師公，這樣不行啊，師父這佛珠還是還給您吧。』

濟公師父收回佛珠後，這兒子馬上就變得安定了，濟公師父說：『你可記得師父來賣佛珠的時候，有個人叫阿田，他當時介紹說，師父是濟公員外，濟公員外和濟公師父當然不同啊，難怪這佛珠沒有效果，你需要的就是穿袈裟、戴佛帽佛珠的濟公師父啊，你花這筆錢一點也不冤枉，再過六年後，你的孩子就會讓你抱孫子了。』

現在還有什麼要收回呢？先要收回扇子，濟公師父來到當初買扇子的人家，他們說：『師父啊，這扇子眞的扇一次之後就沒有用了，還是還給師父吧，感謝師父救了我們一命。』

濟公師父說：『當初你們花了一百兩買這把扇子，現在師父要給你們五百兩，讓你們去做善事，在一個月之內，要把善事做完。』，這一戶人家原本就是每日行善的人，每天都有準備食物給一些流浪漢，或是一些窮苦人家，有了這五百兩，他們行善的資金更充足了。

最後是鞋子，還在阿田的手上，濟公師父看到阿田，親切的喊道：『阿田啊～～。』

阿田更是熱切的喊道：『師父啊，感謝您當初送我房子啊，師父啊，我那時不懂事，還對師父那麼失禮，眞是不好意思，師父啊，你要不要吃點什麼，我再去買隻燒鵝給師父吃吧。』，爲什麼阿田要買燒鵝啊？因爲當初一隻燒鵝值二百兩啊。

濟公師父說：『阿田啊，你現在既然賣狀元湯，往後就別再碎碎唸了，師父的那雙鞋子，是不是可以還給師父了呢？』

阿田說：『師父啊，鞋子當然要還給師父，鞋子我保存得很好。』，然後阿田降低聲音，用著試探的口吻說：『師父啊，這雙鞋子可以用賣的，賣給師父嗎？師父啊，人家說東西平白給師父，會招來楣運啦，所以跟師父要一兩就好啊。』

濟公師父很爽快的給了阿田十兩，也拿回了鞋子，在這段日子裡，經過濟公師父的點化，阿田總算開始認眞做事，也不再碎碎唸了，阿田是不是開始做肉丸子的生意了啊？他掛起了招牌，叫做『濟公狀元』，他賣葷的、也賣素的丸子，生意非常的好。

濟公師父做了十天的濟公員外，終於又穿回原來的衣服，濟公師父走回原來的路，一邊走邊唸道：『員外員外一天來，若是沒錢怎成員外？濟公要是有錢，有了錢就是濟公活佛，人生在世無活佛，就是錢來作主，錢來作主，人生就沒有樂氣，沒有樂氣，人生哪有活佛，所以人在世間如何做？經濟要有啊，但是人生就要樂活。

所以人在世間，只有一句話，濟公濟公活心來，樂心自然來。』

聽明白了嗎？這就叫做濟公活佛。」

故事裡的濟公師父，他最後那段話的大意是這樣的：『所謂員外，就是有錢的人才叫做員外，濟公師父的道理，也是以經濟做爲起點，有了經濟，才有養生與道德，才能夠維持身體的健康，然後能夠助人爲樂，就像濟公師父要狀元郎還的，也是一個助人的方法，而不是金錢。

金錢是行道的基礎，卻不是人生的目標，放下了金錢的角度，才會明白這個道理，才會明白什麼叫做濟公活佛。

人生在世，如果不明白濟公活佛的意義是什麼，就會把金錢當做是自己的主人，

整天爲了金錢煩惱，人生哪裡會有快樂的神氣呢？沒有快樂的神氣，又要如何與濟公活佛接軌跟隨呢？』

所以人生一定先要有經濟，肚子塡飽了，才有養生、道德，人生啊，一定要用一顆快樂的心去生活，佛法就是活法，先明白快樂的活法，自然明白什麼是佛法，快樂的人生自己尋找。

## 師父的陽謀

師父說：「這就是濟公師父做員外的故事，你們要去體會並且學習阿萍的角色，知道嗎？

既然跟隨濟公師父，就不要用一般人平凡的思想，而是要成爲領導者，要成爲師父的高徒，只要你們繼續堅持跟隨，師父說過的話一定會實現，但是啊，其中的苦難，就要看你們自己的時間、福德如何感受。

師父說你們會賺大錢，有可能嗎？當然有，但是重點是，你們的思想能不能跳脫一般人的思想，你們就要能夠和師父的思想接軌。

如果明白師父的意思，你們的感受就會完全不同，你們就會感受到自己人生的三溫暖，有冷有熱，有人情有溫暖。

要成爲一個成功的人，一定要有不凡的思想，尤其是跟隨濟公師父的人，所以對於奉獻付出的感受，就要有不一樣的思考，想要成爲一個高端的領導者，一定要透過學習，學習了才能知道怎麼做領導者，這一件事不可能因爲你信了什麼宗教就能學會，這是不可能的。

所以，要開始學著如何與人打成一片、如何與人交陪，這就是學習與人說話的眉角、細節，學習怎麼處理事情，學習不要嫉惡如仇，學習怎麼面對別人私下的耳語批評，學習怎麼用軟Q的方法讓事情圓滿、處理，這個就叫做陽謀。

人們常說權謀，權謀之中有分陽謀和陰謀，我們說的是陽謀，陽謀說的，就是我們要如何去使用一個人才，如何正大光明的引導這個人成爲一個好的下屬，這叫做陽謀。

所以永遠不要甘於現狀，要開始改變自己，因爲啊，人往高處爬，水往低處流。」

陰謀，是不見天日的作法，那是見不得光的，但是，陽謀，講的是人與人之間，面對面的說話應對態度，是攤在陽光之下的應對說話，藉由對話的過程，藉由我們軟Q的態度，取得對方的信任與共識，好完成我們的目標，這就是陽光下的權謀。

師父說：「說到濟公，要跟隨濟公，是要如何走呢？

流入百川，流入大海，這個大海就是一個人的頭腦。

師父對你們有期望嗎？沒有，但是師父對你們有期待，師父希望你們自我啟動，能夠明白走這條路的感受，有快樂的感覺，這種感覺，就是每一天都笑容滿面，就算只是吃個東西，你也會想笑，看到碗裡有隻蒼蠅，你也會想笑，爲什麼？

『這個東西這麼好吃，連蒼蠅也想要吃，那這碗就給蒼蠅吃，我再去吃點別的。』

但是，如果你沒有錢，你就沒有辦法這樣樂心的想了，所以經濟是不是很重要呢？

讓我們再回到故事，阿田原來的舊房子怎麼了呢？有一天颱風來了，河邊淹大水，龐大的雨量導致山崩，土石流把阿田的舊房子給沖垮了，這就是濟公活佛的安排啊，明白了嗎？」，故事說完了。

到了最後，才終於明白濟公師父爲什麼鵝腿不吃，卻要吃一整隻鵝，爲什麼明明阿萍有錢，卻一定要阿田拿舊房子還濟公師父的錢，那就是爲了解去阿田的災禍啊，如果不是阿萍的好奇心，他們要如何躲過這一場災禍呢？

濟公師父把一身衣裝換成員外的衣服，又換了回來，看起來好像是白走了一趟路，但是在這交換往來的過程之中，又創造了多少的價值與功德呢？

在故事之中，在那些經歷過程的感受，就好像我們的人生際遇，也許我們都像那個阿田，心裡總難免有著許多

抱怨的心、想要計算的心，在事情的當下，我們總是急於分出一個輸贏對錯，

但是啊，因緣將會如何演變，卻不是我們能夠強求的，最近聽到兩句有深意的話：

「人生很長，長到來得及讓你跌倒，再爬起來。

人生很短，短到讓你沒有時間去勉強自己。」

所以啊，何不隨緣自然，無法改變的事情，就隨它去吧，帶著好奇的心思，去體會人生，不急著起情緒，不急著求一個結果。

濟公道裡，就是一個無心自然，沒有開始，也沒有結束，人們說的結果，都是一時的。

## 佛法無邊

師父說：「你們要好好的看師父的故事，要是能夠看懂，就會明白師父是怎麼疼惜你們的。

要如何看呢？絕對不能用自己的角度，或者是用其他宗教的角度去看，而是要用濟公師父的角度去看故事，故事之中有許多的重點、細節，就是爲了讓你們跳出三界之外的思考。

佛法無邊啊。」

什麼是三界呢？大概就是指我們眼睛所看的、耳朵所聽的、腦袋能夠認知的、心裡所想要的、情緒所影響的這些『知道』的範圍，再加上我們『不知道』的境界，聽起

來是相當的多，但是，也不會太多，不會超出我們『心』的範圍。

如果要跳出了『心』之外的地方，還有些什麼呢？還有濟公師父所說的『佛法』，佛法無邊。

所以我們如果總是抓著『有邊』的思想，就難以了解什麼是『無邊』的佛法，就好像小孩子剛學會數1,2,3……9,10，孩子會告訴你，這世界上的數字就只有10個，因爲他只知道10個，孩子知道的數字是『有邊』的，就像人的所知也是有邊的。

所以，有一天小孩子將會改變對於『知道』的看法，他們不會害怕數到10，他們會試著再加個1，然後他就會了解數字的無窮無盡，看到數字的『無邊』。

所以，在濟公師父講過的和尚吃肉的故事、殺狗的故事裡，不用害怕講到『殺生』，那不過是個故事，讓我們嘗試體會其中殺生的因緣是什麼，試著跨越宗教的限制，感受一下，拿掉了邊界之後的佛法是什麼樣的感受，什麼是無邊佛法，或許就會有了更多的明白和醒悟。

佛法與佛教是不同的。

佛教是對於人的教化方法，不同的人可能有不同的因緣教法，有人會去深山修行，有人選擇去廟裡修行，也有人是在日常生活之中修行，但是佛法卻是與人無關，佛法就好像地心引力定律一般，它該如何運作，就是如何運作，去到哪裡都不會改變，不會因爲人的不同，而有所改變。

佛法總是處處適用，不受限在特定的宗教裡，就算是在人們說的禁忌之外，仍然有著佛法的存在，佛法就是佛法，不會因爲人的說法、想法而改變，佛法就像一陣大風吹過，人就要如同風行草偃，要無心順於佛法，要放下自我設下的限制、邊界，在行動裡明白佛法，參悟佛法，眞正的實踐佛法。

師父說：「佛法要是有一個邊界，那就不是佛法了，當初釋迦牟尼佛在菩提樹下，如果他的思想有一個邊界的概念，他就無法成佛了，如果師父想要成佛，師父今天就不會做神了。

學習佛法，就不要自己設下限制，就像師父什麼限制也不知道，因爲人生就是在一線之間，人生在失望當中，可能經歷一無所有的感受，終於能夠無心、放空，

空、空、空，到最後，你無心的空，造成別人的福氣，造成別人的飲水思源，感恩這一點水源的時候，這也就是福德無量啊，這就是無德之量。」

明白了佛法的無邊，知道了自己的『不知道』，知道人不是十全十美的，知道人不是每件事都能知道的，知道了許多事情需要等待緣分，然後對於人世的煩惱就能少一些猜想，多一些隨緣，也多了一分自在。

師父說：「做爲一個領導者，無論有沒有成就，都要學會忍耐、等待。

什麼是成就？就是在聽別人說話的時候，不會急著想求表現，或者急著去解釋，凡事就要無心的做，要靜觀其變。

就像你們跟著師父學習，師父並沒有給你們什麼限制、規矩，而是給你們自由，讓你們自己啟動動機，這樣的生活是不是比較快樂呢？師父要你們做的，就是積極、熱情、快樂。

這就是你們的改變，一切就不同了，學過濟公道的人，就懂得付出，懂得體諒別人，不會強求一切公平公正，不需要擔心別人怎麼看我們，不用擔心別人怎麼評斷我們，三個字帶過就可以了：『不知道』。

雖然師父常說，濟公道是自由自在，但是濟公道不是消極的什麼都不做，就像是濟公道的三個根本：經濟、養生、道德，一定要積極的追求經濟，也要積極的享受自己，然後才有養生與道德。

享受什麼？

享受自己做的事情，享受我們的心不再怨嘆，享受我們在遇到事情的時候，我們會心開，我們會接受，我們會面對，我們會去處理事情。

享受我們走過挫折的過程，享受我們轉化自己的感受，享受人生的轉折，從痛苦轉化為成功快樂的經驗，享受那個開導自己的過程。

要學習濟公道的自由自在，而不是學習濟公師父講的話、也不是學濟公師父的行為，那樣的學習就會入了魔啊，你們去看濟公傳的故事，濟公師父說的話常常是不做修飾的，但是，你們在做生意與人應對的時候，就不能這樣說話，不能學濟公師父的口氣，而是要學習師父的濟公精神、態度。

『哎呀，小孩子不能打罵啦，他們以後自然能學會怎麼唸書。』

『小孩子發燒沒關係啦，不用吃藥，自己就會恢復。』

這樣當然不行，幼小的孩子如果沒有用『倫理』和『壓迫』的方式去教導，那是不行的，孩子必須學會規矩，教導孩子，是爲了讓他們與我們接軌同心，讓他們明白我們的動機和目標，讓他們自然的爲這個目標付出努力，這樣才是自然無心，而不是不用心。

如果是做爲公司的老闆，就要讓員工與自己接軌，讓員工明白公司的目標在哪裡，然後員工會明白如何行動和說話，而且感受到自己與公司的接軌。

濟公道是教你們要用什麼樣的精神和態度去處理事情，教你們在遇到事情和困難的時候，要用什麼樣的心情去紓解自己，而不是藉著濟公道的名義放縱自己的行爲，更不是在工作時模仿濟公師父的言行。

所以在面對工作時，先要知道自己的角色，然後轉換在濟公道學的道理，把道理融入了自己的角色，然後知道如何恰當的演出去。

道理就像是質子、中子、電子，你們要把這個角色裡所需要的質子、中子、電子，組合成為原子，再組合成為一個分子，這個分子就能發揮它的特性，就像是角色可以發揮它的作用，而且明白要如何做事。」

如果試著以杯子比喻我們要扮演的角色。

這個杯子並不只是能夠裝水就足夠了，我們還需要考慮這個杯子是用在什麼場合，它要裝什麼樣的東西，思考這個杯子要用什麼樣的材質，才能符合我們的需要與實用。

好像在冬天我們會需要保溫杯喝杯熱茶，讓它不會太快冷掉，在夏天，我們會需要透明的玻璃杯裝一杯冰涼的汽水，讓別人感受到它的涼爽。

我們不能只拿著一個塑膠杯子，而想用在每一個地方，否則它可能會在遇到熱水時融化，要怎麼學會挑選一個適當的杯子才好符合實用呢？需要學習與經驗，那麼，要怎麼學會怎麼扮演好自己的角色，好融入實際的生活呢？也需要學習和經驗的模仿。

就像是扮演下屬的角色，就要有『倫理』的成分，要扮演老闆的角色，就要有『智慧與度量』的成分在裡面，所以學習模仿濟公道，是為了明白怎麼扮演好自己的角色，了解每個角色應該要包含的成分是什麼。

把濟公道演出來，就能演出一個不同的人生。

師父說：「好像在撞擊之後，就會產生不愉快，不愉快就要用濟公道來讓自己開心，所以不要每次在撞擊之後，就整天不開心，不要老是在心裡碎碎念，要活出一個不同的人生。」

我們都會有不開心的時候，會有與人衝突的時刻，心裡會有股想要發洩情緒的衝動，這個時候就需要學習濟公師父的遊戲人間，一句笑話輕輕的帶過，這個時候就需要「不認眞」，保有心情的軟Q。

濟公道就是一個軟Q的彈簧，別人給了傷害，彈簧只會退後一下下，抵消了那個力道之後，稍微停一下下，就會自然的回復原狀，不會使盡全力情緒的反擊，也不會因此失去原來的彈性。

然而人們常常靠著情緒壯膽，卻沒有學會用軟Q解除情緒，常常要在受盡了怨氣之後，累積了憤怒之後，才敢大聲反擊，那是因爲我們容易被「對」與「錯」的角度困住了自己。

「他明明就錯了，爲什麼不能修理他？」

「我的做法是對的，爲什麼我要妥協？」

對與錯，就是一個「邊界』，這個邊界總是在拉遠人與人之間的距離，也讓我們失去了處理事情的彈性和軟Q。

拿掉邊界，就有了無邊的佛法，在無邊的思想之中，就能看見佛法的無限可能。

## 故事：濟公娶妻

什麼？濟公怎麼可以娶老婆？這到底是怎麼一回事

呢？

師父說：「很久很久以前，有一個少年郎，名叫阿賜，他對於畫圖相當的有天分，畫什麼像什麼，有一天他愛上了一個女孩阿華，她是一個富家小姐，少年每天躲在山坡上，遠遠看著女孩在家中的花園裡散步，他每天都這麼望著她，但是從來不敢和女孩說話。

阿賜從七歲開始，每一天都會畫一幅圖，他畫著自己喜歡的題目，也不在意別人怎麼說、怎麼想，有時候畫女孩的人像，有時畫山水風景，他就這麼畫到了十五歲，女孩也同樣十五歲了，女孩的父親決定要爲她招親，他要找一門門當戶對的親事，阿賜知道之後，心裡相當痛苦，因爲他的家境不好，一定是高攀不上阿華的。

自這一天開始，他就不再畫圖了，雖然他的畫功已經唯妙唯肖，畫什麼像什麼，畫出來的女子都是那麼的美麗，但是他的心裡痛苦無處可說，所以他不想再畫了，因爲人生已經失去了希望和目標。

這一天，阿賜又來到一個河邊怨嘆人生，他這時已經荒廢畫畫三個月了，這個時候遠遠一個人走了過來，這個人是誰呢？他穿著黑色衣服，頭戴著一頂帽子，帽子上還有個佛字，手上拿了一隻酒壺，這就是濟公師父啊。

濟公師父上來跟阿賜搭訕說：『少年啊，你怎麼悶悶不樂的啊？』

阿賜說：『沒什麼啊，只是在看風景。』，他懶懶的回答。

濟公師父說：『風景有什麼好看的，少年啊，幫師父一個忙，師父最近想要找人幫忙畫三幅畫，一幅是山上的風光，一幅是水面的水波意境，一幅是太陽的景象，不知道該找誰畫才好。』

少年一聽，有點好奇的說：『畫圖這件事是我拿手的啊，但是我現在已經無心畫圖了。』，話說完，看了濟公師父一眼，就繼續悶著頭呆坐著。

濟公師父繼續搭話說：『哎呀，你不知道，這三幅圖畫出來，對師父的幫助有多麼大啊，但就是找不到人幫師父畫啊。我聽說有一個少年叫做阿賜的，他非常的會畫畫。』

少年『咦？』的一聲，他心想：『這個乞丐和尚怎麼知道我的名字叫做阿賜？』。

阿賜對濟公師父說：『師父啊，我就是阿賜，但是我已經三個月沒有畫畫了。』

濟公師父裝做訝異的說：『原來你就是阿賜喔，師父告訴你，你幫師父畫這三幅圖，我會幫你實現三個願望，第一個是有錢可以賺，第二個是可以有一輛馬車，第三呢，還可以讓你娶到一位美嬌娘。』

聽到第三個願望，阿賜這個時候跳了起來，阿賜著急的說：『有美嬌娘可以娶嗎！？師父啊，您是哪裡來的師父啊？請問您可是來自西湖靈隱寺的濟公師父？』，

濟公師父點點頭說：『算你有眼光，本師正是濟公師父。』

畫圖的少年天性單純，心裡也沒有懷疑別人說話眞是假，他說：『哎呀～師父啊，那我幫您畫那三幅圖，但是師父說的錢和馬車我都不要，我只要娶我的夢中情人，我要娶一個美嬌娘。』

濟公師父說：『沒問題，絕對讓你娶到一個好老婆。』

話才說完，阿賜馬上動筆，沒兩三下就把山水畫給畫好了，接下來，阿賜又去河邊畫水波的景象畫，阿賜果然有點工夫，濟公師父也沒有說要怎麼畫，他能夠依照自己的體會，畫出了一幅水波的圖畫意境。

畫了兩幅畫，阿賜說：『師父啊，第三幅要畫太陽，那就一定要看到太陽，現在天色已晚，我們明天一大早，一起來看太陽，師父您等一下，我先回家拿一些花生和米酒，我們一起來等著太陽升上來，師父別走喔，也別睡著喔，我明天一早就會把圖畫好了。』

這個阿賜著急啊，一路奔跑回家，拿了花生，又拿了米酒回來，就跟師父一起吃喝了起來，過了一會兒，濟公師父說：『哎呀，年紀大了，想睡覺了。』

『不用睡啦，師父啊，這幅圖我會畫得很漂亮啊。』，阿賜開始解釋他會怎麼畫這張圖，但是啊，濟公師父就不懂畫畫啊，那是爲了要幫助阿賜，才會叫他畫這些圖，阿賜卻還是口沫橫飛的解說他的畫要如何的畫，濟公師父是越聽越想睡，眼皮都快要打不開了，偏偏阿賜就是不讓濟公師父睡，就這麼折騰濟公師父到半夜四點多，終於聽到了雞啼的聲音。

『咕咕～咕～～』，遠處傳來了公雞的啼叫聲，這時太陽出來了，阿賜趕緊動手畫了起來，兩三下就畫好了，『師父啊，三幅畫都畫好了。』，只見濟公師父躺在一旁，『呼～～呼～～』，一邊打呼一邊熟睡著。

在師父講的故事裡，這還是頭一次看到濟公師父被整啊，哎呀呀，阿賜把濟公師父搖醒，濟公師父無奈的問：『阿賜啊，什麼事情？』

『師父啊，三幅圖都畫好了啊，我的老婆呢？我的美嬌娘呢？我的夢中情人啊。』，這個阿賜好天眞啊，心裡就是想著要娶老婆。

濟公師父說：『別擔心，師父一定替你娶老婆。』

阿賜說：『師父啊，怎麼說是替我娶呢？師父是和尚，怎麼可以娶老婆呢？』

濟公師父說：『替你娶老婆，但是新郎是你，這姑爺是你不是我。』

濟公師父忍不住打了一個大大的呵欠說：『你先讓老人家睡個覺啦，師父沒睡覺就沒有精神啦。』，於是濟公師父躺下睡著了。

『師父啊師父啊！！借問一下啊，您知不知道我的夢中情人叫什麼名字啊？她住在……』，

『好好好，我知道，我知道……，你讓師父再睡一下啊。』，濟公師父翻身又睡著了。

『師父啊師父啊師父啊！！您什麼時候要去啊？萬一

老婆被別人娶走怎麼辦？她明天要招親了啊。』，

『好好好，我知道，我知道……』，濟公師父才不過睡了三個鐘頭，就這麼被阿賜叫醒了十幾次，睡到後來也實在拿阿賜沒辦法了，只好帶著阿賜出發，去找他的美嬌娘啊。」

## 三幅畫的緣分

師父說：「濟公師父與阿賜走到半路上，湊巧遇到了皇帝派出來的貼身護衛，他們奉了皇帝的命令，要來尋找山水名畫，護衛們已經找了一個早上，卻怎麼找也找不到一副合適的畫，這時他們剛好瞧見濟公師父手上的畫，趕緊請濟公師父留步，他們說：『這位師父稍等一下，您手上這幅山水畫看起來眞是有靈氣啊。』

『是嗎？有靈氣又如何呢？你要買嗎？不買的話我要趕路了喔，我這幅畫可不便宜喔。』

護衛趕緊說：『價錢不是問題，這畫是我們家……主人要買的，價格就由您開吧。』，他不能明說是皇上要買的。

濟公師父說：『我也沒有賣過畫，阿賜啊，你就開個天價吧。』

阿賜也沒有想太多，眞的亂喊了一個價格：『那就一千兩吧。』

沒想到護衛爽快的說：『沒問題，就一千兩！』，馬上就把錢掏了出來，把畫買了下來，阿賜嚇了一大跳，沒

想到他人生賣出的第一幅畫，竟然就賣了一千兩，他整個人感覺像是在做夢，不知道身在何方，因為他整夜興奮沒睡，現在的精神已經有點歇斯底里，進入恍惚的狀態了。

阿賜說：『師父啊，這一千兩給您吧，我不要。』，『這可是你說的喔。』，濟公師父就把錢收進了他的口袋。

兩人走著走著，又遇到了縣太爺，這縣太爺聽說皇帝已經來到當地遊山玩水，而且皇上一向喜好名畫，所以要找一幅好畫獻給皇上，當他看見了濟公師父手上的那幅水波畫，大為驚艷，他心想：『哎呀，皇上專程來到這裡遊江，一定會喜歡這一幅水波畫。』，他連忙喊住濟公師父：『這位師父啊，等等我，您手上這幅畫可不可以賣給我啊？』

濟公師父說：『那就要看你出不出得起我開的價格，阿賜啊，開價吧。』

阿賜還在恍恍惚惚之中，他又是隨口說：『那就二千兩吧。』，這個縣老爺買還是不買呢？當然要買啊，為了自己的前途啊，當場就拿錢出來把畫買了下來。

阿賜再次大吃了一驚，『天啊，我的畫真的這麼有價值嗎？』，阿賜還是把錢都給了濟公師父，因為他滿腦子只想要娶老婆。

有了錢，第一個願望已經達成了，濟公師父於是帶著阿賜去買了一輛馬車，這是第二個願望達成了，一輛馬車也不過十兩銀子，濟父師父說：『這輛馬車等等就是要讓你載美嬌娘回家用的。』

聽到娶老婆，阿賜著急的問：『眞的嗎？眞的嗎？』

濟公師父說：『但是不知道這個美嬌娘，是不是你喜歡的？』，濟公師父故意在路上隨意指了幾位姑娘，問：『這個漂亮嗎？』、『不然那個夠美嗎？』、『路邊那位你喜歡嗎？』

阿賜一個一個搖了頭，都不是他想要的那位姑娘，阿賜指了指夢中情人的家，說他要的是那戶人家的姑娘，濟公師父說：『但是那戶人家正要招親，他們要的是門當戶對的家世啊，你現在已經有錢、有馬車，那我們去買件新衣服吧，師父帶你去娶親。』

買了衣服之後，來到女孩家門外，濟公師父說：『師父告訴你，如果要娶這姑娘，我們先交換衣服，你穿師父的衣服，師父穿你的衣服。』，於是阿賜穿著濟公衣服，而濟公師父穿著公子哥的衣服。

濟公師父這時敲門說：『來啊，跟你們員外稟報，就說靈隱寺的濟公師父帶我來提親了。』

於是家僕喊道：『靈隱寺濟公師父來到了，帶了一個老頭子要來提親喔。』

員外連忙跑了出來，但是一聽濟公師父竟然帶了老頭子來提親，他心想：『我的女兒難道要嫁給老頭子嗎？但是濟公師父是我一向敬重的人，還是先去看個究竟吧。』

員外走出來，見到一個老頭子穿著公子的衣服，又看到一個年輕人穿著濟公師父的衣服，這員外好似明白了什麼，微微點了點頭，員外於是畢恭畢敬的對著阿賜說道：『師父啊，你來了喔。』，因爲阿賜這時穿著濟公師父的衣服。

員外故意問了一句：『師父啊，我聽人家說，濟公師父是上了年紀的人，怎麼您看起來這麼年輕啊？』，阿賜緊張得不得了。

濟公師父接話說：『喂！你不知道濟公師父神通廣大，可以隨時變老變年輕嗎？你看我現在這麼老，等等我就變年輕給你看，你信不信啊？』

員外心裡暗自偷笑的想著：『我才不信呢。』，但是也沒有多說什麼。

濟公師父又說：『員外啊，我今天是要來娶你女兒，因爲濟公師父說我們兩人有緣。』

員外說：『哎呀，你們兩個人別騙我了啦，濟公師父明明是上了年紀的人，你卻這麼年輕，這一定有問題啊，除非啊，靈隱寺的濟公師父曾經告訴我，他下次來的時候，會帶著一幅太陽的圖畫給我看，好證明他是濟公師父，還說他會帶一個少年來。』

這個時候啊，濟公師父穿著公子的衣服，你們試著想想看，那會是什麼模樣啊？」

師父故意用吊兒啷噹的模樣，模仿著故事裡的濟公師父，走了幾步台步，我們想像著那個模樣穿著很正式的公子服裝，實在有一種非常反差萌的感覺，充滿了衝突感，逗得聽衆們哈哈大笑。

哎呀，濟公師父模仿濟公師父，到底誰是誰呢？看著眼前穿著濟公衣服的師父，想像他換成穿公子的衣服，有一種相當奇特的感覺。

師父說：「濟公師父穿著公子衣服，一定不像公子的嘛。

但是濟公師父拿出了第三幅太陽的圖，『員外，你看這幅圖，是不是這幅圖啊？』

員外故做鎮定，對阿賜說：『哎呀，就是這幅圖，師父啊，眞的是你啊。』，因爲是阿賜要娶親，阿賜也不敢否認，他怕話要是說錯了，這老婆就娶不成了，

濟公師父說：『既然這幅圖沒錯，那我今天就要娶你的女兒，這裡有兩千兩就做爲迎娶的聘金，門外有我的馬車，今天我就要把她娶走。』

你們說，員外會答應嗎？

員外看到這幅圖，他的心裡是非常的高興，原來啊，這員外早就認識了濟公師父，在很久之前，他就曾經受過濟公師父的幫助，也接受過濟公師父的考驗和點醒，當年也是經歷了相當大的轉折，才會有今日的成就和地位，他明白濟公師父的做事風格，也由衷的相信濟公師父。

濟公師父當年曾經告訴過他，有一天師父會帶著一位少年來迎娶他的女兒，只要有看到這一幅太陽的圖，他的女兒就會有一樁很好的姻緣，可以嫁到門當戶對的人家，只是濟公師父到時不會用原來的身分，而是用公子的身分來拜訪。

所以打一開始，員外就知道這少年是假的濟公師父，眞正的濟公師父是這位穿著公子衣服的老頭子，也因爲員外明白濟公師父不按牌理出牌的風格，所以他打一開始就在配合濟公師父演這齣戲，員外就答應了濟公師父的要求。

然後啊，這位『濟公師父公子』就準備要娶這位姑娘，馬上就要拜親、進洞房，濟公要娶妻了啊，你們看到了沒有啊。

『一拜天地！！』

當司儀這麼喊著的時候，阿賜終於沉不住氣了，他大喊著：『師父啊，你怎麼可以這麼做啊？啟稟員外啊，我告訴你，他才是濟公師父，我名叫阿賜，我喜歡您的女兒很久了，這個濟公師父竟然說他要娶老婆，和尚怎麼可以娶老婆啊？眞是沒有天良啊。』

這個阿賜開始抱怨濟公師父了，來來來，你們哪一個人來扮演阿賜，表演一下怎麼罵濟公師父，你們想像一下，如果你們是阿賜的角色，如果你們本來什麼事都聽從濟公師父的安排，圖也是你畫的，但是今天要娶老婆，自己心愛的人卻要跟濟公師父一拜天地，如果你是阿賜，你會怎麼罵師父？來來來，把你們曾經對師父的不滿，都罵出來。」

在場的聽衆，大部分都是長久跟隨濟公師父的門生，也是一路聽從濟公師父的教導調整自己，但是他們有沒有遇過事情結果不如預期的情況呢？明明師父要我們這麼做，我們也照做了，結果有沒有因此遇到更大的挫折呢？

當然有。

有沒有人因爲濟公師父的教導點醒，因爲濟公師父點出了自己的痛處，因此忍耐不住，而在背後罵師父，甚至決定離開呢？

當然有。

我們要用什麼樣的心情去面對這樣的過程呢？爲什麼仍然有更多的人願意留下來呢？

說到最後，還是沒有人要演阿賜，師父笑了笑說：「沒有人要演是嗎？好吧，以後如果你們私下偷罵師父，你們的肚子就會痛哦。」，聽衆們又哈哈哈的大笑了起來。

人的成長，是一段悠悠長長的過程，雖然故事裡的主人翁總是在短短幾天就有了成就，但是在眞實人生裡，卻可能要花上三年、五年、十年，甚至還要更長的時間。

佛法無邊，天地總是照著自己的規律在走，無論在什麼地方都相同，無論我們是信什麼樣的宗教，佛法也是不會變的，不會因爲人而改變。

「爲什麼我的能力這麼強，卻不能受到重用？」

「爲什麼我捐獻了這麼多錢，我的工作還是事事不順？」

不是上天不公平，而是必然有一個原因，才有了今天的這個安排，與其怨天尤人，還不如調整自己，問問自己，是不是應該要轉個彎了，是不是遺忘了最初的初衷。

## 再畫一幅濟公娶妻

師父說：「這個傻阿賜還是繼續的罵著濟公師父，『師父啊，你怎麼可以這麼做啊，什麼濟公師父，什麼靈隱寺啊，什麼活佛啊，欺騙我畫圖，還要搶我的美嬌娘，員外啊，不要被他騙啦。』

這位員外也是有趣，竟然完全不受阿賜的影響，他淡淡的說：『哎呀，你罵完了沒有啊，如果罵完了，我也是沒有辦法，現在公子是他啊，畫是他拿出來的，聘金也是他付的，就連馬車也是他的，畢竟你現在是濟公師父啊。』

儀式又要繼續：『一拜天地～～』，阿賜再次大喊：『等一下啊～～～～』

濟公師父總算是捉弄阿賜夠了，濟公師父說：『師父前面說過了，師父會替你娶老婆，但是這新郎姑爺是你啊，這樣吧，只要你幫師父再畫一幅圖，畫一幅濟公畫像，畫一個濟公師父要來娶妻的圖畫，只要你把這幅圖畫好，師父馬上跟你交換身分。』

阿賜會不會畫呢？當然會啊，爲了娶老婆，他什麼事情也願意做，沒兩三下，這幅畫就完成了。

爲什麼濟公師父故意要和阿賜交換身分呢？爲什麼濟公師父又要刻意這麼捉弄阿賜呢？那其實是個禪機，人的煩惱，都源於自己的『以爲』與『先入爲主』，卻無法參透什麼是自然，什麼是無心，濟公師父是要破他的『執著』。

阿賜以爲自己沒有機會娶妻，所以失志不再畫圖，結果濟公師父卻出現了。

阿賜以爲一定有機會娶妻了，結果夢中情人卻要跟濟公師父拜堂了。

阿賜以爲濟公師父眞的要搶自己的老婆，結果是他自己忘了濟公師父說過姑爺是他，前一刻還在大罵濟公師父，結果呢，現在他感謝濟公師父還來不及呀。

這就是人的執著，『以爲』事情一定就是這麼結局了，其實都是先入爲主的想法，都是自己的心在白忙一場，如果打一開始就空著一顆心，不去揣想，只去專注思維該做的事情，不去猜想結果好壞，就算問題發生了，也是一件一件的處理，這就會是自然與無心的人生。

阿賜在這樣忽好忽壞、忽悲忽喜的過程中，他的心情不知經歷了多少的轉折，筆上是要畫出濟公師父娶親的意境，但是心裡卻是一點也不想讓濟公師父娶了自己的老婆，就是在這樣的衝突矛盾感受裡，他悟出了禪機，他畫出了一幅不凡的畫。

這幅畫是這麼畫的：在畫的左方站的是濟公師父，看似年老的臉孔卻穿著公子哥的白色衣裝，手上仍舊拿著酒壺，臉上帶著一貫的喜氣笑容，好像眞的要娶老婆了，他站立的姿態有些不拘小節，在這一身華麗的公子衣服襯托之下，顯得相當的不協調。

畫裡的濟公師父笑嘻嘻的望向右方，畫的右方站著一個少年，他穿著濟公師父的黑色衣服，戴著黑色帽子，上面還有個佛字，而衣服鬆垮垮的披在身上，顯得相當不合身，他帶著怨嘆的眼神望著濟公師父。

遠處站著一位新娘，一身大紅的鳳冠霞帔，正在等待著她的新郎。

究竟是誰要娶妻呢？

阿賜把畫完成了，他說：『師父啊，說話要算話，要跟我換身分喔。』，兩人交換了衣服，這員外居然還一副恍然大悟的說：『哎呀，原來是眞的濟公師父來到了啊，我還以爲我的女兒要嫁給一個老頭子呢，但是師父當年說的這門親事，是要門當戶對的，這樣我的女兒還是不能嫁給阿賜，畢竟錢和馬車都是師父的。』

濟公師父聽了，竟然很高興的把原本要給的聘金兩千兩收回他的口袋中，完全沒打算要幫阿賜解決問題，誰叫他自己要把錢和馬車都給了濟公師父，接下來該怎麼辦呢？

就在這個時候，『叩！叩！叩！』，有人急著敲員外的大門，原來是縣太爺來到了，只見縣太爺急急忙忙的喊道：『濟公師父啊～～，您在哪裡啊，趕快救救我啊，皇上說要見您，皇上想要知道那幅圖是誰畫的，趕快和我去見皇上吧，快點啊。』

濟公師父就對員外說：『員外啊，你等等，等我們回來，師父一定要促成這門親事。』，於是濟公師父就帶著阿賜，和阿賜剛剛畫的那幅圖畫，隨著縣太爺去見皇上了。」

## 皇上面前

師父說：「一行人來到了皇上面前，『吾皇萬歲萬萬歲～～～』，衆人正準備要跪拜，因爲知道濟公師父的身分，皇上讓濟公師父免去跪拜的禮儀，還特別賜座給濟公師父，至於阿賜，則是在一旁發抖的跪著，連頭也不敢抬。

皇上這時問濟公師父：『師父啊，這一幅水波圖，朕是相當的欣賞，朕想要知道這圖是誰畫的？』

濟公師父手指著阿賜說：『這幅水波圖，還有另一幅山水畫都是皇上面前跪著，這個發抖的少年畫的，他的名字叫做阿賜。』

皇上問：『阿賜啊，這幅圖可是你畫的？』

跪著的阿賜抖得更厲害了，支支吾吾的回答：『稟……稟告……皇上，這幅圖是……是是我畫的。』

皇上很高興的說：『今天護衛和縣太爺爲朕買來的兩幅圖，山水畫和水波畫，都相當的有意境，深得吾心，但是朕總覺得還少了那麼一幅圖畫。』

濟公師父站了起來，用洪亮的聲音說道：『皇上，請看這一幅畫，這幅就是濟公娶妻，請皇上過目。』

哎呀，皇上一看到這一幅畫，就知道這幅畫正是他想要的味道，因爲他想要追求一種特殊的感受，什麼樣的感受呢？

皇上對於禪宗的思想一直很感興趣，卻一直無法參透禪機，他又擔心，參不透禪機這件事要是傳了出去，實在有辱自己的身分，『我可是皇上啊』，就是這個想法，反而讓他起了排斥的心情。

就像皇上也是因爲濟公活佛在民間的名聲，才不得不尊重濟公師父，皇上也知道濟公師父是個不受佛門禮教約束的人，所以皇上也有些防備，深怕濟公師父會說了什麼讓自己下不了台的話，畢竟一國之尊，容不得自己的威嚴受損。

人若是自然無心，哪裡來這麼多的矛盾煩惱呢？就算是萬人之上的皇帝，也逃離不了這樣的煩惱。

皇上看著濟公娶妻這幅畫，畫中穿著濟公衣服的顯然就是眼前的少年，而畫裡穿著公子衣服的，當然就是眞正的濟公師父了，畫裡的濟公師父看似要娶妻，卻不可能娶妻，畫裡的少年才是眞正想要娶妻的人。

在這幅畫裡，皇上看到了傻阿賜的矛盾心情，『濟公師父哪裡可能想娶妻呢？這個傻阿賜。』，他轉念一想，『是了，以濟公師父的修爲，怎麼可能會傷害朕的聲望呢？我也像這個傻阿賜一樣，都是自己執著幻想，原來這就是禪機啊！』，體會了禪機，他也改變了對濟公師父的想法與看法，他明白了，凡事只有自己感受才是眞的，無謂的猜想都是虛幻的，做人就是要自然而無心。」

煩惱即是菩提。

煩惱生起的地方，也是它解脫的地方，能解脫自己的人，唯有自己，這幅畫的禪意，別有一番意境啊。

## 賞一個門當戶對

師父說：「『濟公娶妻』這幅畫，完全對中了皇上的胃口，龍心大悅之下，這時候就是要賞賜了啊，皇上說：『師父啊，朕要如何賞賜您呢？師父是否願意來到朕的皇宮，做爲朕的國師呢？』

濟公師父說：『不需要，出家人什麼也不求，只求皇上賞賜我自由自在的遊山玩水就好了。』

皇上說：『好吧，那就依師父的意思吧，阿賜啊，這幅畫送給朕好啊？你要什麼賞賜，告訴朕吧。』

阿賜還在發抖，他吞吞吐吐的說：『好好……好……』

濟公師父幫阿賜把話說完：『皇上啊，他要的是一個地位，才能門當戶對的娶他心愛的姑娘。』

皇上說：『好啊！爲了濟公娶妻這幅畫，朕賜你皇親國戚的地位，再送你一間府第大宅，還有一甲的田地，再賜你一個姓，以後你就和朕同姓了。』，聽到這麼大的賞賜，整夜沒睡又緊張了一整天的阿賜，竟然暈了過去，事情圓滿了，濟公師父謝過皇上，於是帶著昏去的阿賜坐上馬車，準備要去迎娶阿賜的美嬌娘。

馬車走啊走的，阿賜終於睡醒了，一臉緊張的問著濟公師父：『師父啊，我剛剛好像作了夢，夢到我變成皇親國戚，我是不是在作夢啊？』

濟公師父故意捉弄他說：『是啊，你在作夢，清晨我們喝酒吃完花生之後，你就睡到現在啊。』

阿賜看了看身邊，『咦，那我怎麼會在馬車上啊？』

濟公師父拍了拍阿賜的腦袋，說：『哈哈～，不是作夢啦，走吧，師父帶你去娶你的美嬌娘，因爲你畫了那幅濟公娶妻，師父我假借著那幅畫娶了老婆，現在換你做眞的新郎姑爺登場了。』

而在員外這一邊，縣老爺已經知道，新上任的皇親國戚要來迎娶員外的女兒，趕忙來到員外家做好迎接的準備，他告訴員外：『有位皇親國戚將要來迎娶你的女兒啊，可喜可賀啊！』

員外一臉疑惑的說：『但是我已經答應了濟公師父，要等少年來迎娶我女兒，我不能答應這位皇親國戚啊。』

縣太爺說：『這可是皇上賜的姻緣啊，你如果不答應，那可是要抄家的，而且這是濟公師父促成的姻緣啊。』

員外這才恍然大悟，原來都是濟公師父的安排啊，不久之後，濟公師父與阿賜終於來到，員外此時反而要向阿賜行跪拜禮，行禮之後，員外會不會把女兒嫁給阿賜呢？當然會啊，因爲門當戶對了嘛。

奇怪耶，這個女兒從頭到尾都沒有表達意見，什麼話都沒有說就要嫁人了，在這之後，衆人就熱熱鬧鬧的舉辦了拜堂的儀式，一拜天地、二拜高堂、夫妻交拜……，在這之後，阿賜也因爲這一段因緣，他開始以畫畫維生。

師父問你們，畫畫會有出息成就嗎？」

「會啊。」，聽衆們都這麼說。

師父搖搖頭說：「你們要明白，一個人畫得再好，如果沒有遇到賞識他的貴人，也是難有成就的，所以貴人很重要，你們都需要廣結善緣啊。

阿賜娶了老婆之後，他自己回想說：『哎呀，那天我錯怪了師父，竟然一直罵師父。』，後來他每次見到濟公師父，都不忘記帶上一罈女兒紅，加上一隻燒鴨孝敬師父，但是濟公師父還是像往常一樣，四處走啊走的，對了，濟公師父收的那二千兩到哪裡去了啊？你們想要知道嗎？

當然不知道啊，那是濟公師父自己決定怎麼用的嘛，明白嗎？濟公師父怎麼用錢需要告訴你們嗎？當然不需要啊，你們需要擔心嗎？你們就要無心啊。

這就是今天濟公娶妻的故事，到此結束。」，聽眾們報以熱烈的掌聲。

## 故事尾聲

師父說：「這個故事就在告訴我們，一個人雖然有專長，如果沒有遇到貴人，他也很難有成就，但是，在這個努力的過程之中，更重要的是，你們也要有努力學習的心，自己一定要有一門專長，否則就算遇上了貴人，你也無法發揮。

就像阿賜因爲喜歡畫畫，所以每天畫一幅畫，從七歲畫到十五歲，他每天持續的畫，也不知道自己畫得好不好，也不在乎別人的看法，所以他是無心的畫，這樣的動機是不是很好呢？

因爲無心的畫，所以他基礎打得好，他只想要把畫畫中的細節畫好，越畫越有感情，越畫越像，那就是他的成就，在這個故事裡，有相當多的涵義，你們要自己去參悟，細節不重要，大節也不重要。」

門生問：「爲什麼皇上會這麼看重濟公娶妻這幅畫呢？」

師父回答：「因爲啊，皇上是相信佛法的人，但是濟公師父不按牌理出牌，讓皇上有些反感，問題是濟公師父又是民間的信仰，他不得不表示對濟公師父的尊重，當他看了這幅畫，他就懂了自己的盲點。

濟公娶妻，原本是一件虛有的事情，所以皇上明白了，因爲濟公師父的道理，都是在濟公道之中，光用虛有的想像，是無法眞正理解佛法的，唯有實際的落實道理在生活之中，才能夠眞正的有所成就，於是這位皇上後來就成爲一位更好的明君，因爲他眞正參透了佛法，他也明白如何在他的施政當中落實佛法。

你們也可以從皇上的角度去參悟，做爲一個萬人之上的皇帝，他原本是看不起濟公師父的，但是因爲這幅畫的美，他明白畫裡的世界是不可能發生的事情，於是他對濟公師父的想法有了動搖，於是皇上看到了不曾想像過的濟公師父，看到了自己的盲目，所以他開悟了。

這是一個很好的故事，下次你們還想要師父講什麼故事呢？什麼？濟公生子？」

# 故事：阿蘭看狗回俗

## 曾子殺豬

師父說：「濟公師父這一天又在四處結緣，來到一處路口，聽到一對父子的對話，兒子說：『爸爸啊，我想要吃烤豬肉。』

父親說：『哎呀，先不要吃烤肉，改天爸爸殺一整隻豬給你吃。』

師父問你們，這父親眞的會殺豬給兒子吃嗎？一旁的濟公師父就說了：『喂喂喂！做父親的如果答應要殺豬，那就要趕快去殺，如果你欺騙孩子，孩子以後也會欺騙別人，會變成一個不老實的人。』

父親回答說：『哎呀，孩子就是需要哄啊，怎麼可能眞的去殺一隻豬啊。』，在古時候，因爲大部分人生活條件不好，只有遇到逢年過節才會殺豬。

濟公師父又說了：『你有沒有聽過曾子殺豬的故事啊？曾子的老婆哄孩子說要殺豬給孩子吃，曾子馬上就去把豬給殺了，就是爲了教孩子守信，你有沒有聽過啊？』

這位父親名字叫做阿狗，阿狗聽了就爽快的回答說：『既然師父這麼說了，我在這裡好歹也是個有頭有臉的人，雖然賺的錢不算多，但是這條大街十間店面裡就有九間是我的，好！我回去殺豬。

兒子啊，爸爸殺豬給你吃，但是你一個人吃不完，這樣吧，麻煩濟公師父告訴村民們，就說晚上我要殺豬犒賞村民，歡迎大家都來吃豬肉。』，因為很難得吃到豬肉，所以村民們晚上都來到阿狗家裡。

阿狗的兒子和村民都吃得相當開心，濟公師父當然也去了，村民們看到濟公師父，都向濟公師父道謝，多虧濟公師父對阿狗的開示，他們才有豬肉可以吃。

阿狗聽到村民說的話，心裡卻是不高興：『奇怪了，豬是我殺的，肉也是我請你們吃的，怎麼大家只感謝濟公師父，也沒有人來跟我說聲謝謝啊。』，阿狗的心裡越想越不開心，越想越痛苦，一個人沉浸在心情感受中。」

## 阿狗的多心

師父說：「有個村民看到阿狗，沒事說了一句：『阿狗員外啊，你那個灶的煙囪是直直向上的，最好是做成彎的比較好，要不然容易造成火災哦。』

這下子阿狗眞的生氣了，好心請村民吃豬肉，居然還詛咒自己家裡發生火災，阿狗滿肚子火，終於忍不住大聲的說：『喂！這頓飯是誰請你們吃的啊！』

村民們卻都回答說，是濟公師父邀請他們來的，阿狗生氣的說：『這頓飯是我請你們吃的，濟公師父只是通知你們過來，你們要搞清楚啊。』，阿狗眞的越想越火大。

濟公師父也不在意，他說：『喂喂喂，阿狗怎麼這麼說話啊，豬肉雖然是你出的，但是人是我邀請來的啊，所以他們這麼說也沒有錯啊。』

阿狗一聽也有道理啊，村民都是濟公師父一個一個邀請來的，他說：『師父啊，雖然您的說話裡也有道理，但是我的心情實在高興不起來，能否勞煩師父走一趟，幫我開示一處景象的意境，如果師父能說中其中的玄機，那我就信服您了。』

濟公師父說：『阿狗啊，人家勸你煙囪要調整一下方向，你要怎麼處理啊？』

阿狗生氣的說：『那個人我不想理他，我要把這個人趕出去！』

這個人講的話明明很實在啊，爲什麼反而被趕出去呢？因爲人都經不起別人的一句話批評，講人的不好，當然會讓別人生氣啊，這位阿狗員外，並不是眞心想要殺這隻豬，只是因爲阿狗自己讀過曾子殺豬的故事，才對濟公師父有了一點好感，才會願意聽濟公師父的開導。

阿狗帶著濟公師父來到一個地方，濟公師父看了之後，他說：『哦～～，其中有五隻羊，六隻牛，七把刀。』

阿狗心想：『騙我是三歲小孩子嗎？這裡不過是一個小水池而已，哪有什麼羊、牛、刀的。』，於是他請濟公師父解釋這話裡的意思。

濟公師父說：『有啊，你沒看見嗎？五隻羊，就是見到『吾』人，聽到師父講的話，你就心裡發癢（羊），所以你生氣得想要用六隻牛的力氣來衝撞師父，撞的不夠，還想拿七把刀殺師父啊，看見了嗎？這個水池就是你的心啊。』

這個時候，阿狗的反應會是什麼呢？是會惱羞成怒呢？還是會當場跪下表示信服啊？」

師父一個一個問了聽衆的答案，大部分的人都回答說，阿狗會惱羞成怒。

師父搖頭說：「你們要回溯故事的開頭，阿狗本身是讀過曾子的人，曾子是儒家的學者，既然信奉儒家，他相信『人性本善』的道理，被濟公師父點中了心事之後，他馬上雙腳跪下，向濟公師父懺悔。

阿狗也是個有修爲的人，他對水池的參悟是：『水池就像人的心一樣，人的心如果清，池水就會清澈，池水清澈了，那麼魚兒就會被看見，但是現在看不見魚，那麼我的心在哪裡？』

阿狗帶濟公師父來到這裡，就是爲了考驗師父是否看得見阿狗的心，沒想到濟公師父一開口就點破了他的心，所以阿狗當場就跪了下去。

濟公師父說：『我就是靈隱寺的濟公活佛李修緣，來此爲你點醒，說來也是與你們父子有緣，想當初，師父也曾經照顧過你的兒子，你的妻子現在人在何處呢？她現在是在七塔之峰的廟寺中出家當尼姑，那是因爲她的失望。

她爲什麼失望呢？就讓師父講給你聽吧。』，阿狗訝異得說不出話來，原來他尋找了多年的妻子出家做了尼姑？當年到底發生了什麼事情呢？這件事就要從多年以前起了。」

## 當年往事

師父說：「說起阿狗的妻子，她的名字是阿蘭，阿蘭是怎麼生下孩子的呢？這件事就要從多年前說起，當年的阿狗，因爲他不想接手父親的事業和家產，也不跟老婆商量，就自己決定要從軍、要去保家衛國，沒有考慮到妻子的心情，他也不知道阿蘭已經懷了孕，就這樣放下了一切，毅然決然的跑去當兵。

過沒多久，因爲戰亂的緣故，鄉間的盜匪四起，有一天村子裡受到盜匪的攻擊，村民們四處奔逃，阿狗的家人們就這麼走散了，阿蘭驚慌的四處逃跑，也不知道自己逃到了什麼地方，只能到處躲避流浪，到處向人乞討，不知道這麼流浪了多久，她的肚子一天天大了起來，行動也越來越不方便，她開始擔心，再這樣下去，要怎麼生下這個孩子。

好不容易，她遇到了濟公師父，這時，距離孩子生下的日子也只剩下十五天，你們說濟公師父知不知道阿蘭要生了呢？？會不會救阿蘭呢？

濟公師父只是說：『來吧，跟師父走。』，帶著阿蘭，找了一處合適的民舍，想把它租下來，讓阿蘭有個地方住。

你們想想看啊，如果你開門看到濟公師父，帶著一個大肚子的女人，說要租房子，你們的心裡會怎麼想呢？

『奇怪，一個大和尚居然帶著一個大肚子的女人，難道和尚會生孩子嗎？』，難道濟公會生兒子嗎？」，才剛講完『濟公娶妻』的故事，竟然又有了『濟公生兒子』的故事，聽得大家哈哈大笑。

師父接著說：「濟公師父用一個月五兩的價格，租下了一間房舍，濟公師父也不擔心，反正他身上還有二千兩銀子可以用，咦？難道是賣畫得來的二千兩嗎？

後來的十五天裡，濟公師父每天都帶著阿蘭在街上散步，兩人有說有笑的，還去酒樓裡吃飯，濟公師父還會幫阿蘭夾菜夾肉，要她多吃一些，看在外人眼裡，彷彿兩人感情很好似的。

如果你們看到了，你們會怎麼想呢？

經過了十五天，孩子順利出生了，你們再想想看，這裡的村民們會認為這是誰的兒子呢？哎呀，這個和尚開葷了，不得了啊，這地方的村民們都開始議論紛紛，這裡雖然民風淳樸，但是淳樸的人會不會在背後說閒話呢？他們不會當面去問你，不會讓你有開口證實的機會，卻總會在背後竊竊私語。

孩子出生了，濟公師父開始張羅一些補身子的東西，他幫阿蘭坐月子，又去採買紗布當做嬰孩的尿布用，然而和尚生了孩子的傳聞，也這麼從村頭傳到了城裡，再從城裡傳到了縣府，就這樣，濟公師父每天都被路人指指點點，前後整整受人指指點點了四十五天。

到了孩子滿月的這一天，阿狗的父親因為聽到路人傳說和尚生子的事，因為好奇心也想來看看熱鬧，沒想到傳說中的主角竟然是自己的媳婦，阿狗的父親上門指著媳婦阿蘭大罵：『這孩子是不是妳和這個和尚生的？？妳如此不守婦道，看我怎麼收拾你們。』，阿狗的父親氣得想要殺人，阿蘭這時百口莫辯，她的心裡是又委屈又生氣。

濟公師父說：『你可不要亂打人啊，這種可不是我下的啊，你要是眞的想要打我，你可就要出事了，你如果打死這孩子，你就沒有孫子了。』

阿狗的父親氣得說：『你想騙誰啊？』，就在他一隻手剛舉起來要打濟公師父的時候，一支利箭『咻！』的一聲射中了他的手臂，原來是盜匪又來到了這個村莊，村民再次慌忙逃命，在這麼危急的關頭，濟公師父單獨帶著阿蘭逃到了村子外頭。

濟公師父說：『這裡有一串佛珠給妳帶著，妳就沿著這條小路直直走，直到妳看見一顆大石頭，看到上面有寫著幾個字的大石頭，妳就會明白了，不用擔心妳的兒子，他自然會有人照顧，去吧。』

飽受了驚嚇和委屈的阿蘭，才剛剛受到公公無端嚴厲的指責，再加上盜匪的作亂，她明白自己單身一人也照顧不了孩子，只好選擇相信濟公師父，捨下了才剛剛滿月的孩子，獨自逃命去了。

送走了阿蘭，濟公師父趕緊回頭去搭救阿狗的兒子和阿狗受了傷的父親，送著他們去到了安全的地方。

話說阿蘭獨自逃命的路上，她一路逃啊逃的，不知道走了多久，果然看到了一個大石頭上寫了幾個大字，頭三個字是『土泥巴』。

阿蘭緊緊抓著手上的佛珠，若有所思的看著一旁的泥巴地，泥巴因爲很久沒有下雨，已經乾涸而有了裂痕，她心裡想著：『這泥巴地都乾裂了，唉……，泥沒有了水，不就是尼嗎？』

抬頭一看，不遠的山上有一座尼姑庵，正是七塔之峰的寺廟，緊抓著手上的這串佛珠，她想：『這也許是上天的旨意吧，既然無處可去，就讓我出家去做尼姑吧。』，阿蘭就這麼出了家，這就是她的命啊，她如果不選擇出家，恐怕她的性命就難保了。」

## 人言可畏

一句不經意對別人的批評，寧願在背後評論，也不願意親口去問一句答案，這會造成什麼樣的惡緣呢？對於「不知道」的事情，我們要如何守口修口呢？

無畏人言，濟公師父在故事裡總是受盡了別人的批評，批評又能如何？如果要理會批評，因緣就會完全不一樣，所謂的因果，常常是因爲一個「在意」而無盡的延續。

不去在意別人給的惡因，就不會在我們的心裡結成惡果，就沒有因果的牽累。

忍受不住的，都是習性，所謂「菩薩畏因，凡夫畏果」，所以濟公師父從不接續別人的惡因，不要「錯誤重來」，不要我們在因果裡輪迴重來，所以師父要我們「修心」，修一個無心。

承受不住這樣惡因的阿蘭，只能隨著濟公師父的指點，避入山林，她的心仍然會去糾結「我」的情緒、好壞與對錯，委屈與傷痛，我們又何嘗不是如此呢？總會在許多挫折、人際關係之中受到挫折、傷害。

無法避入山林，只能修在人世、修在忙碌生活中的我們，又要如何避開惡因呢？學學如何無心，如何自然，都在故事之中體會感受。

## 子不語怪力亂神

師父說：「濟公師父救了阿狗父親，只問了他一句：『這個孫子，你到底要還是不要？我可不是平常人，師父是來自靈隱寺的濟公師父，你可不要狗眼看人低。』

聽到濟公師父這麼一說，阿狗父親心裡半信半疑的，才勉強答應把孩子帶回去撫養，不久之後阿狗當完兵回來了，才剛回來，就聽到左鄰右舍在傳說阿蘭跟一個和尚生了兒子，而且也不知去向的事情。

你們想想看，這個阿狗對濟公師父會是怎麼樣的想法呢？懷疑濟公師父嗎？其實沒有，他心裡雖然有些疑問，但是他知道阿蘭不可能做出這樣的事情，他總是對那些傳述流言的人說，那是無稽之談，因爲前面說過，阿狗是個相信曾子的人，因爲他信仰儒家思想：『人性本善』，心中有堅定信仰的人，不會去相信那些怪力亂神的事情，更不會因爲一些流言而動搖了想法。

子曰：子不語怪力亂神，就是這個意思啊，他相信這個孩子是他的，他對濟公師父沒有恨，也沒有情緒，只有一個自然，所以有中心思想的人，就是有理性，隨著孩子的日漸長大，模樣也越來越像自己，所以他也一天比一天認眞的栽培這個孩子，這也是爲什麼濟公師父只提了一句曾子殺豬，阿狗就決定殺豬，好教會孩子什麼是誠信。

但是阿狗這些年來，一直心心念念的的，就是爲了找尋妻子阿蘭，他不知道阿蘭其實是去了廟裡做尼姑。」

子不語怪力亂神，不只是講神明的事，也講那些沒有經過證實的流言或謠言，耳朵要清、不要輕，只要心中有一個堅定的道理，就不會被那些無謂的言語左右了心情。

## 看狗回俗

師父說：「故事回到了一開始的時間，當濟公師父把過去這段往事說給阿狗聽了之後，阿狗兩眼淚汪汪的問：『阿蘭現在人在哪裡啊？』

濟公師父說：『別急，明天我就帶你去找阿蘭吧。但是你要先給師父一千兩，好賠償師父當年被人指指點點的精神損失，拿了這一千兩銀子，師父就可以再去做善事。』，奇怪啊，濟公師父怎麼老是要別人的錢啊。

到了隔天，濟公師父帶著阿狗上七塔之峰去找阿蘭，心情特別好的濟公師父，一邊走著，就一邊唱起歌來了：『嘿咻嘿咻嘿嘿咻！阿蘭啊，你在哪裡啊？扛轎的啊，等等我啊，嘿咻嘿咻，內山的姑娘……』」，師父故意停了下來。

「要出嫁。」，一位師姐很順的接著唱。

師父笑罵說：「什麼？要出家？亂唱！」，聽衆們哈哈大笑了起來。

師父說：「就這樣，兩人一邊遊山玩水，一邊唱著歌，來到了七塔之峰的寺廟前，恰巧這時門前站著的，正是阿蘭，遠遠看見她，阿狗兩眼的淚水止不住的流了下來，那個身影正是自己盼望多年的人，也不知道阿蘭在這裡做了這麼久的尼姑，究竟受了多少的苦。

濟公師父卻是爽朗的喊了一句：『阿蘭啊！』

阿蘭很有禮貌的回答：『這位師父，咦！您不正是當年救了我的那位大恩人師父嗎？多虧您當年救我一命，讓我可以在這裡修行。』

濟公師父這才指了指身後的阿狗，說：『阿蘭啊，你看看這個人是誰啊？』

直到這時，阿蘭才看到了阿狗，她的心口一酸，淚水就這麼流了下來，她說：『這麼多年了，你我的緣分也算是盡了，我已經做了尼姑這麼些年，你也沒有找過我，現在你才來找我做什麼呢？』

阿狗哽咽的說：『我今天是要來帶妳回家的，妳還俗吧。』

阿蘭說：『我已經一心爲佛祖服務了，你還是回去吧。』

在廟裡這些年的生活，阿蘭漸漸覺得自己有義務要爲佛祖服務，她也不敢說走就走，但是看見阿狗之後，漸漸想起了過去的感受，這是她最愛的阿狗啊，她的心情動搖了。

濟公師父告訴阿蘭：『土泥巴是因爲缺水，才會變成了尼，如同妳當年的出家是因爲戰亂，也是一個不得已啊。

妳回想一下，當年在大石頭上是不是還有四個字『看狗回俗』呢？今天既然阿狗來了，那就表示妳可以跟阿狗回去俗世生活了，妳不需要再爲佛祖服務了，回去吧。』，就這樣，濟公師父卸下了阿蘭心裡的擔子，終於答應跟阿狗回家去了。

這並不是一般人說的『還俗』，而是『回俗』，這只是一段去了又回的緣分，阿狗雙手牽著心愛的阿蘭，一路走著下山。」

「嘿咻嘿咻！」，一旁的師姐很自然的又唱了起來。

師父探頭問說：「這麼直接喔？馬上就要嘿咻了喔，這樣不行哦。」，聽個故事，笑點不斷，聽衆們眞的是笑翻了。

## 清澈的水池

師父說：「濟公師父走在兩人的後面，阿蘭忽然回頭問說：『我的孩子呢？他還平安嗎？』，當年阿狗的父親雖然接納了孩子，但是心裡還是半信半疑，況且外面的流言還是在傳說著，所以從沒讓外人知道家裡有個孩子，所以阿蘭雖然想要打聽，也無法得到孩子的消息。

一個人的心裡有沒有信仰，有沒有思想，就會影響了他的信心與疑心，所以阿狗父親心裡的水池，一直都是濁的。

阿狗說：『別擔心，孩子平安在家裡，這些年是我好好照顧長大的，只是當年害濟公師父受了委屈，在那四十五天讓濟公師父受了別人的指指點點。』

濟公師父說：『不要緊，晚一點我會拿你的一千兩去宣傳廣告，廣告之後，自然師父的名聲就會變好了』。

後來啊，濟公師父就拿著阿狗給的一千兩，四處去對人說：『師父告訴你啊，這一千兩是怎麼來的呢？就是這個阿狗和阿蘭的故事啊，你要不要聽師父講故事啊？』

『要啊』

『要聽的話，師父給你一百兩，但是你要把師父的故事說給十個人聽哦，明白嗎？』

就是這樣一傳十，十傳百，濟公師父的好名聲就這麼傳了出去，原本是濟公師父生孩子的中傷流言，現在倒變成了阿蘭看狗回俗的功德故事，故事就到這裡說完。」

故事中的濟公師父，仍然找到了方法，扭轉了對師父的中傷，濟公師父一直都是如此，不用否認，也不是用生氣的態度去面對流言，這也是濟公師父的無心與自然。

師父說：「如果你是阿狗，如果你的眞愛遇到事情的時候，你的心中感受會是如何？聽到別人說的閒話時，如果你的心中沒有曾子的思想，你會不會懷疑阿蘭呢？畢竟你在當兵，什麼都不知道啊，如果再加上自己的父親說的話，你的心裡會不會動搖呢？

這就是你們要自己去體會的感受，如果你是眞心愛著阿蘭，你的感受體會就完全不一樣了，你的思想就會不一樣了。

再說到故事裡的濟公師父，雖然在那四十五天裡，衆人指指點點，濟公師父也無所謂，他的目的只有照顧好阿蘭這對母子，他也是爲了濟公道的救人無心，他只想到救人，不會去想別人怎麼說，更不會因爲別人的流言流語，而放棄救人這一件事。

堅持自己的路，本來就是一條孤獨的路。

也因爲濟公師父的感化，讓阿狗深受感動，後來變成了一個大善人，所以那個水池代表了他的心，因爲他有學習儒家的思想，所以水池變爲清澈，如果他不懂得學習，如果他的心裡沒有時時刻刻記著儒家思想，這個故事就說不下去了。」

光是學習道理，那是不夠的，更重要的是，要堅持守著道理，調伏自己的心，常常用來開導自己的心、沉澱自己的情緒、降服自己的煩惱，然後清澈了這一個水池。

師父說：「如果回到故事的一開始，如果是濟公師父要你殺豬，你會不會去做呢？當別人給你考驗的時候，你有沒有辦法做得到？

如果要考驗別人，你自己是不是要有實力？而對方接受考驗的時候，對方是不是也要有實力呢？如果對方的實力不夠，這段對話就會毫無結果。」

在師父講過的許多故事裡，濟公師父當然做了許多的安排和點醒，但是關鍵點仍是在於主角的心態，能不能夠順隨濟公師父安排的緣分，是不是可以逆來順受，有沒有一個甘願，讓自己走過那一段過程。

圓滿的結局當然值得歡喜，但是過程感受的點點滴滴，也如同我們自己的人生一般，彷彿我們每一天的生活感受，那些痛苦和悲傷，只有自己明白，我們活在自己的故事之中啊，我們好像孤單，其實並不孤單。

常常的複習這些故事，也許在某一個痛苦的時刻，就會偶然想起師父的一句話，也許那就是師父給我們的點醒，就像濟公師父突然的出現在懷孕的阿蘭面前一般。

看見自己的水池了嗎？它是不是漸漸轉爲清澈了呢？

# 濟公道的功課

在濟公道裡，講的是如何打破那些自己設下的限制和規矩。

一定要事事順利才能夠快樂嗎？不是的，我們可以自得其樂，自取其樂，自己找到快樂的理由。

一定不能驕傲，只能夠謙虛嗎？不是的，要熱情，而不要謙虛。

一定要有慈悲心嗎？不是的，慈悲是可以選擇的，要明白做每一件事情的動機，不要被慈悲心的情緒給勒索了，不要爲難自己。

一定要每天反省自己嗎？不是的，我們要往明天看去，想的是明天的做事如何調整，而不是懊惱今天做得不好，每天早上就是一張白紙，遊戲重新開始。

師父常常點醒我們放下那些堅持、固執，要改變我們的應對，要學著靈活的隨機應變，時時的調整思維，常常思維接下來的布局與計畫，漸漸的，我們將會習慣更加周密的思考，臨危不亂。

改變堅持，需要的是每一天的練習與做起。

# 功課、靜坐與唸經

有一次濟世的時候，師父請幾位師姐在旁邊爲大家表演歌唱，在歌聲之中，師父說：「你們有在別處看過我們這樣的濟世方式嗎？一般的做法都是要求人們唸經、靜坐、做功課，但是，在濟公道裡，我們是不一樣的作法。

每一天的做人處事、說話，就是在唸經。

平常的所做所爲，就是做功課。

保持我們的熱情、歡喜，就是在靜坐。

這些事情就是在培養我們的根基，濟公道裡一樣有功課、有靜坐、有唸經，只是和別人的方式不同而已。」

唸經，是爲了讓經文入心，能夠改變思想、改變我們的一言一行，當我們在心裡唸著『要熱情、要樂心』，我們的頭腦就要有相應感受，能夠把心情放輕鬆，然後在臉上有了自然的笑容、熱情的說話口氣和內容，這樣的做人處事方法，就是唸經，不只是唸，更加上了做，每唸一次，我們就讓身體多做了一次。

唸經不是爲了交功課，是爲了改變自己。

這就是我們濟公經的唸法，唸經不是用口，而是用心。

靜坐，是爲了保持心境的清明、安定，一般靜坐的時候，最重要的，是沉澱心中的煩惱雜事，是洗去心裡的情緒、壓力，在過程中，能讓習慣忙忙碌碌的每一個部位的身體，不再想要控制肌肉，也將原來蹦蹦跳跳的心情轉爲平和，以心的安定帶動了身體的平和感受，漸漸達到身心的平和、一致。

但是，在生活中其實也能做到這樣的身心平衡，那就是用我們的熱情和歡喜心，去轉變當下的煩惱、急躁心情，放鬆自己想要控制結果的心情，放下看不順眼的念頭，讓自己頓道一下，停個三秒鐘，用心帶動身體感受，爲自己帶來平靜的口氣。

靜坐的工夫，不只是身體的安坐時刻，更是在於日常生活、做人處事的時刻，仍然能夠保有心的安靜不亂。

這就是我們濟公道的靜坐，靜坐的不是身，而是心。

做功課，是爲了做出道理，培養我們的福德，所以，平常與人的應對進退，我們做的每一件事，都要合乎道理，對長輩、老闆、主管要有倫理、要懂得認主，對於老闆說的話沒有二心，全力的接受配合，對於下屬、孩子，就要記得耐心、愛心和包容心，每次教導都能夠從一開始，不厭其煩的多講幾次。

對於自己，就知道要修心、修口，不要因爲一句情緒批評，而流失了自己的福德，這就是我們濟公道的功課，做功課的不只是用口唸經，而是心口意一致的身體力行，做出自己的道理，融入自己的角色，順水而後行。

## 明白動機的唸經與靜坐

師父說：「在唸經書的時候，不要求快，也不一定要把整本經都唸完，只要唸到心情能與經書相應，思想有所改變，就可以停下來，把時間留給其他的事情。」

明白了唸經的動機，我們就不需要趕，在時間不夠的時候，仍然要穩，心穩了，就算只用很短的時間唸經、靜坐，也能讓心安靜、讓思慮安定、轉變自己的做人處理與一言一行。

重要的不是花費多少時間靜坐、唸經，更重要的，是心的安定，是完成自己的動機，明白了動機，做功課的心情和方法就會改變，每一天的日常生活大小事，都是功課，每一次與人的應對進退，都是修行。

靈山何必遠求，當下即是。

# 後記

在靜觀的筆記裡，記錄了許多師父講過的故事，文字已經累積將近兩百萬字，有的是改編自網路的小故事，有的是師父獨特原創的故事，有的故事師父一講就是一兩個小時，有時當下沒能夠聽懂故事的用意，得要重複不斷的重聽錄音，把文字記錄下來後，反覆的咀嚼消化，才能夠大概明白故事的涵義。

## 更新的老鷹

爲了出版這一本書，靜觀把過去幾年的故事重新一一做了整理，當我重新檢視過去寫下的文字，卻發現這些故事此刻讀來，格外的觸動心情，剛剛從員工升任主管的我，正像那隻四十歲的老鷹，需要更新牠的嘴喙、爪子和羽毛，以前的我，只需要聽命行事就好，腦袋只會想著怎麼趕緊把事情做完，然後可以做自己的事情，但是當了主管之後，才發現以前老闆交代的事情，其實不只是一件事情，它有前因，還有後果要考慮，我的腦袋先要更新。

爲了帶領團隊的每一個成員，我發現不能再像以前那樣，用自己的道理、強勢去壓人，如果同仁只是心不甘情不願的做事，最後這個團隊仍然要失敗，所以我學會了師父說的一寸人心態，學著欣賞每個人的優點，不再緊抓著他們的缺點不放，而是鼓勵他們發揮他們的能力，一起合作把事情做好，漸漸的，我看見了他們的笑臉，我也慢慢學會了快樂自己，我的口也更新了。

這一段更新自己的路程，走到現在已經半年多，如同故事裡說的一樣，更新是一條痛苦的路程，但是也眞的是一段值得的過程，那段日子犯下的錯誤、撞過的牆，現在回頭看來，心裡都是感恩，感恩師父在這段日子裡，不斷的鼓勵我，不斷的點醒我，提醒我接下來會遇上的問題。

## 師父的扇子

有一段日子，爲了工作的不順與壓力，我一直處在低迷鬱悶心情裡，變得越來越沉默，終於有一天，師父正在講故事，我低頭忙著寫著筆記，寫著寫著就恍了神，又想起了那些煩心事情，師父忽然問我：『師父剛才在說什麼？』，我沒能回答出來，師父擺出了少有嚴肅的臉孔，只見他把扇子高高的抬起，下一刻就把手上的扇子丟了過來，我看出來，師父刻意放輕了力道，讓扇子剛好落在我的面前，卻沒有打在我的身上。

師父說：「要注意你的老闆在說什麼，要注意身邊的人們在做些什麼，看看廟裡那些成功的老闆們，他們都能夠眼觀四面、耳聽八方，不能只知道做你自己的事，別再只是關心自己的煩惱，要改變自己。」

要觀，不要關。

要觀察別人，而不要關住自己。

師父丟的那一把扇子，敲開了我的鬱悶，我想通了，如果總是沉浸在痛苦情緒裡，那是沒有出路的，自憐自艾又能如何？從那一天開始，我學著專注傾聽老闆說的每一句話，我試著聽懂他的擔心是什麼，他的關心又是什麼，慢慢的，我發現生活不一樣了，不知道是因爲工作變順利了，還是因爲心情變好了，什麼事情都慢慢變得好轉了起來。

看到那一篇自然與無心，我忽然懂了自然的意思，無心就是不要隨著心情起伏高低去折磨自己的心，只要繼續做自己本來該做的事，尤其是看到碎碎唸的阿田故事，我不禁笑了出來，我都忘了，原來那個阿田就是在說我，當我拿掉了心裡的碎碎唸，就能夠更加專注的關注別人的感受。

## 濟公師父也能娶妻生子？

『濟公娶妻』大概是最能讓我體會禪機的一個故事了，我們其實都像那個阿賜，容易被眼前的事物影響了心情，因爲心愛的人要嫁別人，就放棄了畫畫，因爲濟公師父說要娶自己的老婆，就罵了濟公師父，我們都被『眼睛看見的事』控制了心情，常常被『不順心』控制了我們的想法和嘴巴。

佛法無邊，每一件事都有它的前因與後果，上天交給我們的問題，是要讓我們學會解決，而不是折磨自己，每一件不順心的事情，必然有它的前因，如果不能調適自己的不順心，它的後果就要接著來了，但是只要懂得轉念，煩惱即菩提，我們就能從不順心的原因中，看清自己，找到更新自己的轉機。

濟公娶妻與生子的故事，都在點醒人們不要被『表相』左右，只要靜下心來，就能明白其中的禪機，禪就是單一的心，悟禪，就是參悟那些多餘的心，放下不需要的心，恢復心的單一。

## 先做了，才有真正的學習

有時覺得，我好像現在才眞正看懂了幾年前寫下的那些故事，就像師父說的，如果沒有眞正去做過、錯過，又怎麼學得到經驗呢？在那些看似沒有希望、最痛苦的時候，或許就是拔去嘴喙、爪子、羽毛的時刻，或許就是最好的時機，是更新自己的一個好時機。

我們沒有什麼過錯，過去的錯多半是因爲經驗不夠，因爲沒有學會過，也許我們都難免會自責，但是還有著更好的一條路在等著我們，人生就像一場遊戲，隨時可以重來，只要你願意。

那晚丟完扇子之後不久，師父問我：「靜觀，師父爲什麼要丟扇子？那是爲了讓你跨過這道門檻，下個禮拜你

就會遇到這個問題，只有過了這一道檻，你未來的路才會走得更好，所以師父對你好不好呢？」

我的答案當然是好，好得不得了，但是你能夠體會我說『好』的感受嗎？這個問題，就好像人們總是會問，世上到底有沒有神？

師父說，有人問濟公師父，世上有神嗎？結果濟公師父是怎麼回答的？他說：「世上有神嗎？你有看到嗎？」

神明，是你的感受，

道理，是你的感覺，

實行，是你的體會。

這一切問題的答案，其實都在我們的實行、感覺與感受之中，不需要去追究神是眞是假，只有眞眞切切的做了，才有眞實的體會和明白，接下來靜觀還有更多的故事，會在接下來的續集中，一點一滴的揭露這些答案哦。

國家圖書館出版品預行編目資料

故事禪：善待自己的一條路／靜觀著. --初版.--
臺中市：白象文化事業有限公司，2022.11
面； 公分
ISBN 978-626-7151-85-3（平裝）
1.CST: 佛教修持 2.CST: 生活指導
225.87 111010734

# 故事禪：善待自己的一條路

作　　者 靜觀
校　　對 靜觀
發 行 人 張輝潭
出版發行 白象文化事業有限公司
412台中市大里區科技路1號8樓之2（台中軟體園區）
出版專線：（04）2496-5995　傳真：（04）2496-9901
401台中市東區和平街228巷44號（經銷部）
購書專線：（04）2220-8589　傳真：（04）2220-8505
專案主編 李婕
出版編印 林榮威、陳逸儒、黃麗穎、水邊、陳媁婷、李婕
設計創意 張禮南、何佳諠
經紀企劃 張輝潭、徐錦淳、廖書湘
經銷推廣 李莉吟、莊博亞、劉育姍、林政泓
行銷宣傳 黃姿虹、沈若瑜
營運管理 林金郎、曾千熏
印　　刷 基盛印刷工場
初版一刷 2022年11月
定　　價 300元